LES FORMIDABLES

Cent histoires vraies qui donnent des ailes

bayard jeunesse

« Si tu n'es pas le héros de ta vie,
qui pourra l'être à ta place ? »
Charles Dickens

Directrice littéraire : Marie-Agnès Gaudrat

Dépôt légal : octobre 2020
ISBN : 979-1-0363-1210-6
Loi n° 49-956 du 16 juillet 1949 sur les publications destinées à la jeunesse.
Imprimé en Espagne.

LES FORMIDABLES

Cent histoires vraies qui donnent des ailes

Textes

Ève Pourcel

Illustrations

Jeanne Detallante, Lucie Durbiano,
Donatien Mary, Frédéric Rébéna

bayard jeunesse

PRÉFACE

« Mieux vaut enseigner les vertus, disait Spinoza, que condamner les vices. » Et comment les enseigner mieux que par l'exemple ? Celui qu'on donne soi-même ? Certes, quand on le peut ! Mais qui le peut toujours et suffisamment ? Trop de médiocrité en nous, le plus souvent, trop d'humilité parfois – et trop peu de recul – pour s'offrir en modèle ! Puis la vie quotidienne a ses contraintes, ses fatigues, ses routines, ses emportements, ses à-peu-près, ses déceptions, ses échecs, ses regrets, ses non-dits, ses heurts, ses incompréhensions... Lequel d'entre nous fut ou sera le père ou la mère qu'il aurait voulu être ? Et quel enseignant, s'il est lucide ? L'exemplarité n'est pas toujours à portée de main ou de cœur ! Aussi est-il bon, à l'occasion, voire indispensable, pour montrer de quoi l'humanité est capable, d'en emprunter à d'autres de plus spectaculaires ou incontestables illustrations. C'est à quoi servent les héros, et une façon aussi de leur rendre hommage. Non qu'eux en aient besoin, ils sont au-dessus de ça, mais parce que nous ne saurions autrement avoir une idée juste de ce qu'est l'humanité, donc de ce que nous pouvons ou devons. Un « modèle de la nature humaine », comme le voulait Spinoza ? Non pas, mais des exemples, et cela vaut mieux, tous singuliers, tous différents, tous admirables en quelque chose. C'est ce qui justifie cet ouvrage, et qui explique le plaisir que je pris à sa lecture. Gageons que je ne serai pas le seul ! Quelle plus vive émotion, pour l'esprit, que d'admirer ? Et quelle plus formatrice, pour nos enfants ou adolescents ?

Point pour eux seulement ! Ces cent personnages – tous réels mais qui m'étaient souvent inconnus – m'ont impressionné, étonné, ému, jusqu'à me faire monter parfois, je l'avoue sans honte, les larmes aux yeux. J'étais surpris et content d'y retrouver Corot, Tolstoï ou George Sand, que je vénère (et certes ces génies sont aussi des héros, à leur façon), mais plus encore d'y découvrir tant de héros anonymes, ou plutôt dont j'ignorais jusqu'au nom. Ce qu'ils ont en commun ? Non l'amour ou la compassion, que chacun peut ressentir, non l'horreur ou l'effroi, qui s'imposent parfois, mais de n'en être point restés là, comme tant d'autres, de ne s'être pas contentés, comme dit l'un d'eux, de « tourner la tête » ou de penser à autre chose, de ne pas supporter, comme dit une autre, de « rester à ne rien faire », enfin d'avoir agi, et c'est à quoi les héros en effet se reconnaissent. On abuse parfois du mot, ce n'est pas bien grave, pour désigner tous ceux, parmi nous, qui ont su faire preuve d'altruisme, de dévouement, de générosité, ceux qu'on appelle volontiers « les héros du quotidien », par exemple les soignants, durant la pandémie de covid-19 (quoique la plupart, on les comprend, aient récusé ce titre). On en trouvera plusieurs exemples dans ce livre, et certes ils y ont toute leur place. Ce qui n'empêche pas d'admirer davantage ceux qui ont pris encore plus de risques ou consacré toute leur vie à une cause qui leur tenait à cœur. Le courage n'est pas la plus haute vertu (l'amour, la justice ou la générosité valent mieux), ni une garantie (un salaud peut être courageux), mais c'est la vertu des héros, quand le courage en question se met au service d'autrui ou de tous. Voyez Olympe de Gouges, Nicholas Winton, Maximilien Kolbe ou Leymah Gbowee.

Nul n'est tenu d'être un héros, ni dispensé de faire au moins un peu de bien, quand l'occasion se présente. Un enfant de quatre ou cinq ans peut en être capable (voyez Quentin ou Austin Perine), comme une adolescente (Greta Thunberg), comme un pilote de la *Luftwaffe* (Franz Stigler), comme la plupart d'entre nous. Tous formidables ? Non pas. Mais point non plus tous méprisables ni toujours décevants ! J'aime que le beau livre d'Ève Pourcel donne des raisons de résister au pessimisme, au nihilisme, à l'abattement, au découragement, qu'il nous offre tant d'exemples à admirer ou à méditer, depuis le IVe siècle avant Jésus-Christ (Agnodice, en Grèce) jusqu'à nos jours, et sur tous les continents ! Ces cent-là, en un moment de leur vie (au moins un !), ont décidé de faire ce qui dépendait d'eux, donc d'agir, j'y reviens, de façon désintéressée (ou sans autre intérêt que le plaisir de bien faire) et sans attendre que d'autres le fassent à leur place. Leçons de vie et de courage. Les bons sentiments sont plus sympathiques, assurément, que les mauvais, mais ne valent, moralement, qu'à proportion des actions qu'ils suscitent.

Au service de quelles causes ? Celles de la justice, de la paix, de la liberté, de l'égale dignité de tous les êtres humains, quels que soient bien sûr leur sexe, leur religion ou leur couleur de peau. C'est l'humanisme vrai, y compris quand il se soucie aussi – mais seul un humain en est capable – de la grande « famille » qui nous englobe, celle « des vivants sur terre » (voyez Jane Goodall). L'universel n'est pas un mythe, ni pourtant une chose qu'on pourrait saisir. Il est l'horizon de l'esprit, ou plutôt l'esprit même, celui qu'il faut sauver, et qui nous sauve.

André Comte-Sponville
Philosophe

— **INDE** Né en 1963 —

JADAV PAYENG

« Qui protégera les animaux si nous, les hommes, ne le faisons pas ? »

Jadav habite sur une île encerclée par le fleuve Brahmapoutre, le plus long et le plus sauvage des fleuves indiens. Depuis qu'il est tout petit, il aime se promener sur un grand banc de sable le long de la rive. Là, il peut passer des heures à profiter du calme. Il observe les petits serpents qui glissent sur le sol et filent se cacher à son approche, et il se laisse bercer par les remous de l'eau…

Mais, alors qu'il a à peine seize ans, le Brahmapoutre connaît une grande crue, les eaux débordent et envahissent les terres. Quand elles se retirent enfin, Jadav retourne tout de suite sur son banc de sable, voir si l'inondation n'a pas fait trop de dégâts. À peine arrivé, il s'arrête net : partout, des centaines de serpents gisent sur le sol ! Il se penche, en touche un avec son bâton, puis un autre : ils sont tous morts. La gorge de Jadav se serre, il s'assied et fond en larmes. De retour chez lui, il explique ce qu'il a vu à son grand-père qui hoche la tête tristement : « C'est sûrement à cause des arbres… » Jadav ouvre de grands yeux : quels arbres ? Il n'en a jamais vu un seul sur le banc de sable ! « Justement, lui dit son grand-père, en échouant sur le rivage, les serpents n'ont pas pu trouver d'ombre pour se protéger du soleil, et la chaleur les a tués. »

Ni une ni deux, Jadav écrit au ministère des Forêts pour demander qu'on replante des arbres. On lui répond que rien ne peut pousser sur du sable. Il insiste, on se débarrasse de lui en lui conseillant d'essayer à tout hasard de faire pousser du bambou. Jadav comprend que personne ne fera rien, alors il part s'installer seul sur le banc de sable. Chaque jour, il plante des pousses de bambou, il les arrose matin et soir, les taille, les soigne… Et contre toute attente, ça pousse ! Il est euphorique. Au bout de quelques mois, le banc de sable est devenu un beau bois de bambous, mais Jadav est un peu déçu… Pourquoi est-ce toujours si silencieux ? Tout à coup, il comprend : « Mais bien sûr ! Si mon bois n'est pas habité, ce ne sera jamais une vraie forêt ! » Alors patiemment, il ramène des fourmis rouges de son village. Il se fait souvent piquer mais il s'en amuse, et progressivement les fourmis transforment le sol,

Illustration : Jeanne Detallante

attirent d'autres insectes, puis des oiseaux. Jadav est si heureux qu'il se sent prêt à tenter l'impossible : faire pousser de vrais arbres ! Jour après jour, il va chercher de petits arbres dans des forêts voisines et les replante sur son banc. Peu à peu, ils grandissent, se déploient, et s'épanouit bientôt une forêt de jeunes arbres et de fleurs multicolores ! Attirés par la fraîcheur, les premiers animaux arrivent timidement et s'installent. Au bout de onze ans, la forêt est habitée par toutes sortes d'animaux sauvages et Jadav veille sur tout ce petit monde comme sur ses arbres.

Il va même avoir la surprise de voir débarquer un troupeau d'une centaine d'éléphants sauvages, poursuivis par tout un groupe de villageois armés de bâtons et de haches ! Dans leur fuite, les éléphants ont fait des dégâts dans les villages voisins et la cabane de Jadav n'y a pas échappé : ils l'ont réduite en miettes. Pourtant, Jadav prend leur défense. Les villageois essaient de le raisonner : « Mais regarde ce qu'ils ont fait de ta maison… Ta forêt protège des animaux dangereux, il faut l'abattre ! » Il n'en est pas question, Jadav s'interpose : « Il faudra me tuer d'abord ! » Les villageois sont furieux : « Nous reviendrons avec des responsables des forêts, et cette fois tu ne vas pas t'en tirer comme ça ! » Quelque temps plus tard, les villageois reviennent effectivement accompagnés par deux responsables du ministère des Forêts. Mais en découvrant cette étonnante forêt sortie de nulle part, ceux-ci n'en croient pas leurs yeux ! Quand Jadav leur explique que c'est lui qui a planté chaque arbre, leur surprise fait place à de l'admiration. Un petit homme comme lui ? Tout seul ?

Jadav peut désormais dormir tranquille, il ne sera plus jamais question de raser sa forêt. Après trente-neuf ans de persévérance, elle est immense : cinq cent cinquante hectares ! Elle abrite plusieurs espèces menacées, comme des tigres du Bengale ou des rhinocéros à une corne, et tout le monde reconnaît aujourd'hui que les arbres ne protègent pas seulement les animaux. Car, grâce à leurs racines qui retiennent le sable, ils empêchent le fleuve de grignoter le sol. Sans cette forêt, l'île, sur laquelle vivent cent cinquante mille personnes, aurait probablement déjà disparu !

— **BURUNDI** Née en 1956 —

MARGUERITE BARANKISTE

« Le contraire de l'amour n'est pas la haine, c'est l'indifférence. »

Elle s'appelle Marguerite, mais dans son pays tout le monde l'appelle Maggy. Ce pays, c'est le Burundi, un vrai paradis, comme elle le dit, où il pourrait faire tellement bon vivre si seulement les deux peuples qui y habitent, les Hutus et les Tutsis, parvenaient à s'entendre. Malheureusement, ils ne cessent de s'opposer et de se massacrer. Maggy est tutsie, et depuis qu'elle est toute jeune cette situation la rend folle. Pourquoi cette haine qui se déchaîne par vagues ? Un jour ton voisin est ton frère, le lendemain c'est ton ennemi ! Maggy n'en peut plus de cette violence. Alors qu'elle est encore une jeune prof, Chloé, une de ses élèves, arrive en larmes. Son père est mort peu de temps auparavant et sa mère vient d'être tuée, elle ne sait plus où aller. Maggy n'hésite pas une seconde, elle ramène Chloé chez elle, déclenchant la fureur de son compagnon : « Une Hutue chez nous, tu as perdu la tête ? » Non, Maggy n'a pas perdu la tête, mais elle ne supporte plus de faire comme si tout ça était normal. Tous les jours, il y a de nouveaux orphelins et personne ne fait rien. Chloé a besoin d'un toit, elle a besoin d'être consolée, et si son compagnon ne comprend pas, il n'a qu'à partir. En le chassant, Maggy sait pertinemment qu'elle ne se mariera jamais car dans son pays on n'épouse pas une femme qui a déjà vécu avec un homme. Tant pis ! Cette année-là, Maggy adopte sept enfants, quatre Hutus et trois Tutsis. Elle a vingt-trois ans, et apprend à être mère avec une famille déjà nombreuse. Mais ce n'est rien à côté de celle qu'elle va bientôt fonder : une famille de milliers d'enfants, qui va naître d'un évènement abominable.

Le dimanche 24 octobre 1993, trois jours après un coup d'État qui a coûté la vie au président hutu, Maggy est réveillée par des coups de feu. Les affrontements entre Hutus et Tutsis ont repris de plus belle. Pour protéger ses enfants adoptifs et ses nombreux amis hutus, Maggy les emmène se cacher chez l'évêque, qui vit dans un grand domaine entouré de hauts murs. Elle essaie de faire taire la peur en disant : « Si des Tutsis viennent, nous vous protégerons et si des Hutus viennent, vous nous protégerez. » Mais lorsqu'une bande de Tutsis réussit à pénétrer à l'intérieur, Maggy a beau s'interposer, batailler, parlementer, elle arrive tout juste à sauver les enfants mais ne parvient pas à protéger ses amis hutus. Les Tutsis l'attachent à un arbre et l'obligent à les regarder les assassiner un à un. Maggy est sous le choc. Ses frères de sang ont tué sa famille de cœur. Elle reste plusieurs mois avec une telle rage au ventre qu'elle ne ressent plus rien. Et puis un soir, une larme, deux larmes, des torrents de larmes coulent, et avec ce chagrin, une détermination puissante l'envahit : plus jamais ça ! Ça suffit, « basta » ! Elle, alors si timide, part en Europe et prend la parole devant des centaines de gens. Elle raconte et raconte encore les atrocités qui se passent dans son pays. Elle est déterminée à obtenir de l'aide et de l'argent pour mener à bien son projet, le seul qui soit capable à ses yeux de ramener durablement la paix dans son pays. Son projet, elle l'explique inlassablement, c'est de reconstruire son pays à travers les enfants. Elle veut les accueillir tous, les victimes dont les familles ont été tuées comme les bourreaux, ceux qu'on appelle les « enfants-soldats », à qui on a donné des armes et qu'on a obligés à tuer. Quand elle rentre au Burundi, elle a les moyens de créer la première maison « Shalom », ce qui veut dire « paix » en hébreu. Mais elle ne veut pas d'un énième orphelinat, non : ce qu'elle veut, c'est apprendre aux enfants des deux peuples à vivre ensemble, à devenir des jeunes instruits et des adultes responsables, capables d'apporter le changement dont elle rêve pour son pays. Alors, elle fonde un grand centre de formation où ils peuvent étudier et apprendre un métier. Ce n'est pas tous les jours facile, Maggy risque souvent sa peau, comme cette fois où elle sent un fusil dans son dos. « Agenouille-toi, dit une voix derrière elle, je vais te tuer. » « Je ne m'agenouille devant personne, sauf Dieu », répond Maggy. En se retournant, elle découvre alors que son agresseur est un gamin qui a un chapelet autour du cou. « Le chapelet et le fusil ça ne va pas du tout ensemble, tu sais. Va rendre ton arme à celui qui te l'a donnée et reviens me voir. » Il est revenu et ne l'a plus jamais quittée.

Aujourd'hui, ils sont plus de vingt mille à avoir fait partie de sa grande famille. Certains sont devenus agriculteurs, médecins, stylistes ou musiciens. D'autres ont créé de nouvelles maisons Shalom un peu partout dans le pays, et tous portent en eux ce que Maggy n'a cessé de leur répéter : « Vous appartenez tous au même peuple, il s'appelle l'humanité. » Vingt mille porteurs de paix, c'est à la fois beaucoup et peu, face aux onze millions de Burundais qui vivent encore souvent dans la violence. À plus de soixante ans, Maggy continue donc son combat, mais elle n'est plus du tout timide, elle sait ce qu'elle a réussi à faire, elle, une femme seule, une maman seule. Alors ce qu'elle veut maintenant, c'est pousser ses compatriotes à imaginer ce que serait le Burundi si toutes les mamans se levaient et disaient avec elle : « Basta » !

Illustration : Frédéric Rébéna

— **FRANCE** Depuis 2009 —

JOSÉ LOUISET

« Tant que tout le monde ne mangera pas à sa faim, je ne jetterai plus de nourriture. »

José est boulanger et fils de boulanger. Il a été élevé dans l'idée de ne pas gâcher, et gâcher, il n'aime pas ça. Alors pendant longtemps, il s'est appliqué à préparer juste ce qu'il fallait de pains, de gâteaux et de sandwichs pour la journée. Pourtant chaque soir, à l'heure de la fermeture, il était contrarié car il lui restait des pains, des sandwichs et des viennoiseries qu'il mettait à contrecœur dans la poubelle devant sa boutique.

Jusqu'à ce que sa femme surprenne un homme en train de fouiller dans leurs poubelles et dise : « On pourrait au moins séparer nos pains des déchets, qu'il n'ait pas à le faire ? » Mais bien sûr ! José n'en revient pas de ne pas y avoir pensé plus tôt ! Dès le lendemain, à peine ses derniers clients sortis, il glisse tout ce qui lui reste dans des petits sacs en papier bien propres et sort les déposer sur le muret devant sa boutique. Puis il s'éclipse pour n'intimider personne. Le lendemain, quand il arrive vers quatre heures du matin pour préparer son pain du jour, il est ravi de voir qu'il n'en reste pas une miette. Il recommence le lendemain, puis tous les soirs suivants. À dix-neuf heures trente pétantes, il sort de sa boulangerie et dispose de manière aussi appétissante que possible ses invendus pour ceux qui attendent, discrètement, un peu plus loin.

Aujourd'hui, cela fait quinze ans qu'il les partage avec ceux qu'il appelle « ses habitués » : une trentaine d'étudiants sans le sou, des personnes qui travaillent mais ne gagnent pas assez, des sans-abris. Bien sûr, des collègues et des amis bien intentionnés l'ont très vite mis en garde : « Fais attention, si tu donnes gratuitement ce que tu fais, les clients ne voudront plus payer, pense à ton chiffre d'affaires. » Mais « jeter des bonnes choses alors que des gens crèvent de faim, ça ne ressemble à rien », a toujours pensé José, et il a persévéré. Il rit franchement aujourd'hui en repensant aux avertissements de son entourage, car c'est exactement le contraire qui s'est produit. Ses clients l'ont encouragé et de nouvelles têtes ont même poussé sa porte, pour voir à quoi ressemblait ce drôle de boulanger. Moralité, ce n'est pas parce qu'on est solidaire qu'on n'a pas le sens des affaires : José ouvrira bientôt une troisième boulangerie !

Illustration : Lucie Durbiano

— **ÉTATS-UNIS** 23 décembre 1867 • 25 mai 1919 —

SARAH BREEDLOVE

« Ma vie a démarré parce que je l'ai fait démarrer. »

Au début de sa vie, tout va mal pour Sarah. Orpheline à neuf ans, mariée à quatorze, mère à dix-sept et veuve à vingt ans, elle se retrouve seule avec une petite fille et doit se battre pour s'en sortir. Et voilà qu'à trente-cinq ans, alors qu'elle bataille pour faire vivre sa fille avec royalement deux dollars par semaine, elle commence à perdre ses cheveux ! Tous les matins, au réveil, elle en découvre des centaines sur son oreiller... Sarah est catastrophée ! Ça n'a peut-être l'air de rien, mais pour elle, c'est un véritable détonateur. Sa fierté, c'est tout ce qui lui reste, alors pas question de commencer à raser les murs ! Elle l'a vu si souvent autour d'elle. Beaucoup de ses amies noires s'abîmaient les cheveux en les faisant défriser, car à l'époque, pour être belle, il fallait forcément ressembler aux femmes blanches avec leurs cheveux lisses et soyeux. Résultat, à trente ans à peine, elles se retrouvaient à moitié chauves et n'osaient plus se montrer. Sarah s'y refuse, elle veut garder la tête haute !

Elle essaie tous les produits qui prétendent faire repousser les cheveux. Rien ne marche. Elle fait des recherches et commence à s'en fabriquer un dans sa cuisine, et... miracle, ses cheveux repoussent ! Le changement se fait vite remarquer, ses amies lui demandent ce qui s'est passé, ses voisines aussi et, progressivement, Sarah se retrouve à vendre des petits pots de son « produit maison » un peu partout. De sa cuisine, elle passe à une vraie usine. Et sur l'emballage de son produit, elle ajoute sa photo : une belle et fière femme noire, avec une abondante chevelure. C'est la première à oser faire ça. Et, alors que les Blancs appellent souvent les Noirs par leur prénom pour bien les rabaisser, elle choisit d'appeler sa marque « Madam C. J. Walker », du nom de son nouveau mari. Non mais ! Ce n'est pas parce qu'on est noire qu'on ne peut pas être chic ! Sarah en a assez bavé, elle veut réussir, c'est sûr, mais elle veut surtout redonner aux femmes noires leur fierté. Ne pas être la seule à s'en sortir, comme elle dit, mais simplement la première. Dès que ses moyens le lui permettent, elle embauche une armée de trois mille femmes noires. La plupart sont d'anciennes blanchisseuses ou servantes sans instruction, et Sarah

les forme, leur offre un travail et un salaire enfin dignes de ce nom. Elle leur apprend à se sentir belles et capables, les encourage à avoir de l'audace... Et ses conseils portent leurs fruits, ses employées relèvent la tête. Certaines veulent même se lancer et ouvrir leur propre salon de coiffure ! Comme à cette époque les banques ne prêtent pas d'argent aux Noirs, c'est Sarah qui leur prête ce dont elles ont besoin, elles rembourseront quand elles pourront !

Sarah est si maligne, ses ambassadrices si compétentes que, très vite, son entreprise grandit et elle devient millionnaire. Elle est la première femme du pays à se construire une aussi grande fortune, et elle est noire ! Tout le monde ne voit pas ça d'un très bon œil, d'autant qu'elle a si bien formé ses employées qu'elles sont au moins aussi militantes que coiffeuses. Dans les salons, on parle shampoing bien sûr, mais aussi et surtout problèmes de quartier. Comment soutenir untel, améliorer les conditions de vie d'unetelle... Petit à petit, le sentiment de fatalité cède la place à l'envie d'agir. Le gouvernement s'inquiète de son influence et lui colle une espionne sur les talons mais Sarah s'en amuse, elle trouve même que c'est très bon signe. Elle, la fille d'esclaves, la première de sa fratrie à être née après l'abolition de l'esclavage, ne cesse de le répéter : « À quoi bon être riche si ça ne permet pas de changer les choses ? »

— **ANGLETERRE** 19 mai 1909 • 1er juillet 2015 —

NICHOLAS WINTON

« Si quelque chose n'est pas clairement impossible, il doit bien y avoir une façon de le faire. »

Nicholas est assis au premier rang d'une émission de télévision. Il ne sait pas trop pourquoi il a été invité, mais ça faisait plaisir à sa femme, alors il est venu. À presque quatre-vingts ans, il doit tendre un peu l'oreille pour comprendre ce que dit la présentatrice quand, tout à coup, il entend : « Si quelqu'un dans le public doit la vie à Nicholas Winton, qu'il se lève ! » Une personne à sa droite se lève, puis une autre à sa gauche. Nicholas se retourne : des centaines de personnes sont debout et le regardent. L'émotion lui serre la gorge. Bien sûr, il devine qui ils sont : tous ces adultes penchés vers lui sont les enfants qu'il a sauvés pendant la guerre. Six cent soixante-neuf enfants exactement, il s'en souvient comme si c'était hier !

Des images lui reviennent en vrac. Le choc qu'il a eu en découvrant ces centaines de milliers de familles juives qui campent dehors, dans un froid glacial. Elles cherchent à fuir avant l'arrivée de l'armée allemande. La guerre est aux portes de la Tchécoslovaquie. Lui s'apprêtait à partir faire du ski en Suisse, quand un de ses copains l'a appelé pour lui demander de le rejoindre dans ce campement tchécoslovaque. Il est le seul étranger, et tous les parents se pressent autour de lui, avec à chaque fois la même demande : « Sauvez mon enfant, je vous en prie, emmenez-le avec vous ! » Nicholas revoit tous ces visages tendus vers lui. Il a une vrille au ventre, il sait que ce qui se passe en Allemagne est grave. Mais comment pourrait-il faire une chose pareille ? Il a vingt-neuf ans et n'a jamais organisé ne serait-ce qu'une colonie de vacances ! Il ne sait ni quoi faire ni comment et, pourtant, il s'y colle. Derrière une petite table dans sa chambre d'hôtel, il passe ses journées à noter des noms, à classer des photos, des centaines de photos d'enfants. Puis, une fois rentré chez lui, en Angleterre, il écrit personnellement aux gouvernements de plusieurs pays. Aucune réponse. Pensant que son nom ne dit rien à personne, lui, le jeune homme bien élevé, a alors l'idée de voler le papier à en-tête d'une organisation humanitaire bien connue. Et ça marche, on le contacte. Mais, un à un, tous les gouvernements refusent de prendre en charge les enfants. Nicholas enrage quand, enfin, une réponse favorable arrive. Le gouvernement anglais accepte à une condition : que chaque enfant ait une famille d'accueil dès son arrivée. Alors, Nicholas se démène, il met des annonces dans les journaux. Des centaines de familles à trouver ce n'est pas rien, et pourtant, il y arrive ! Il lui faut encore obtenir les autorisations anglaises d'entrée sur le territoire. Les papiers tardent à arriver. Le temps presse, la guerre se rapproche à grands pas. N'y tenant plus, Nicholas se lance lui-même dans la fabrication de ces papiers. Eh oui, il fabrique des faux mais qui ressemblent exactement à des vrais ! Le voilà devenu faussaire. Avec ses économies, il achète le silence de quelques responsables nazis et tchécoslovaques, qui acceptent de fermer les yeux sur la fuite des enfants. Et il réussit l'impossible : huit trains bourrés d'enfants parviennent à quitter la Tchécoslovaquie, juste avant que les frontières ne soient complètement fermées.

Autant d'enfants qui sont autour de lui ce jour-là, bouleversés de pouvoir enfin lui dire merci. Car, pendant cinquante ans, ceux qui se disent désormais « les enfants de Winton » n'ont pas su à qui ils devaient la vie... Si la femme de Nicholas n'était pas tombée sur une étrange sacoche avec la liste des noms et leurs photos au fond du grenier, ces incroyables retrouvailles n'auraient jamais eu lieu. Eh oui, Nicholas n'avait pas vu l'intérêt d'en parler ! Quand on lui demande pourquoi il a gardé un tel secret, il répond presque en s'excusant qu'il n'a pas l'habitude de se retourner sur son passé, l'avenir l'intéresse bien plus. Une philosophie qui semble lui avoir souri car il a vécu jusqu'à cent six ans. Le temps de faire de bonnes parties de poker avec quelques membres de sa nouvelle et foisonnante famille !

— **ISRAËL** Juin 2017 —

OLA OSTROVSKY-ZAK

« On ne peut pas toujours se contenter de faire son métier. Cette nuit-là, j'ai agi comme une mère. »

Comme souvent le vendredi, Ola fait un effort monstre pour s'arracher aux petits bras chauds de ses enfants. Elle est de garde cette nuit. Alors, la tétée du petit dernier finie, elle couche tout le monde et part : Ola est infirmière dans un hôpital de Jérusalem. À peine est-elle arrivée à l'hôpital que les pleurs d'un bébé attirent son attention. Les pleurs de bébés, ça la connaît, et ceux-là sont vraiment déchirants. Vite, elle enfile sa blouse et ses sabots en caoutchouc, jette un dernier coup d'œil à la photo de ses enfants dans son casier et file voir ce qui se passe. Deux femmes visiblement épuisées essaient de faire accepter la tétine d'un biberon à un bébé hurlant à pleins poumons. Entre deux sanglots, elles tentent d'expliquer à Ola : « C'est un accident de voiture… Notre sœur, sa mère, est dans le coma… Le petit, gloire à Allah, n'a rien, mais il va mourir de déshydratation s'il n'avale rien… Il ne connaît que le sein, cela fait sept heures qu'il refuse le biberon… » Pauvre petit bonhomme, pense Ola, avant d'ajouter tout haut : « Je peux l'allaiter, si vous êtes d'accord. » Les deux femmes la regardent avec des yeux ronds : « Mais… vous êtes juive ! ? » Ola lit la stupéfaction sur leurs visages. Une femme israélienne accepterait d'allaiter un bébé palestinien ? C'est impossible, le conflit qui oppose leurs deux peuples dure depuis si longtemps ! Ola tend les mains vers le bébé. « Comment s'appelle ce beau petit gars ? » « Yaman », répondent ses tantes, qui s'écroulent sur leurs chaises pendant qu'Ola met tout naturellement le petit au sein. Cette nuit-là, dès qu'elle a un moment, Ola vient retrouver Yaman. Elle lui donne le sein, le berce, lui murmure des mots rassurants… Alors qu'elle est en train de l'allaiter pour la cinquième fois, l'une des tantes s'approche en murmurant : « Dans notre religion, l'islam, une femme qui nourrit cinq fois un bébé devient sa seconde mère. » Ola est sacrément touchée !

Au petit matin, Yaman est hors de danger. Mais il faut trouver une solution pour qu'il soit allaité près de chez lui. Ola met une annonce sur internet. En deux heures, elle a plus de mille réponses. Des mamans palestiniennes, arabes, israéliennes ou juives qui, comme elle, sans penser au conflit qui oppose leurs peuples, se proposent de nourrir l'enfant.

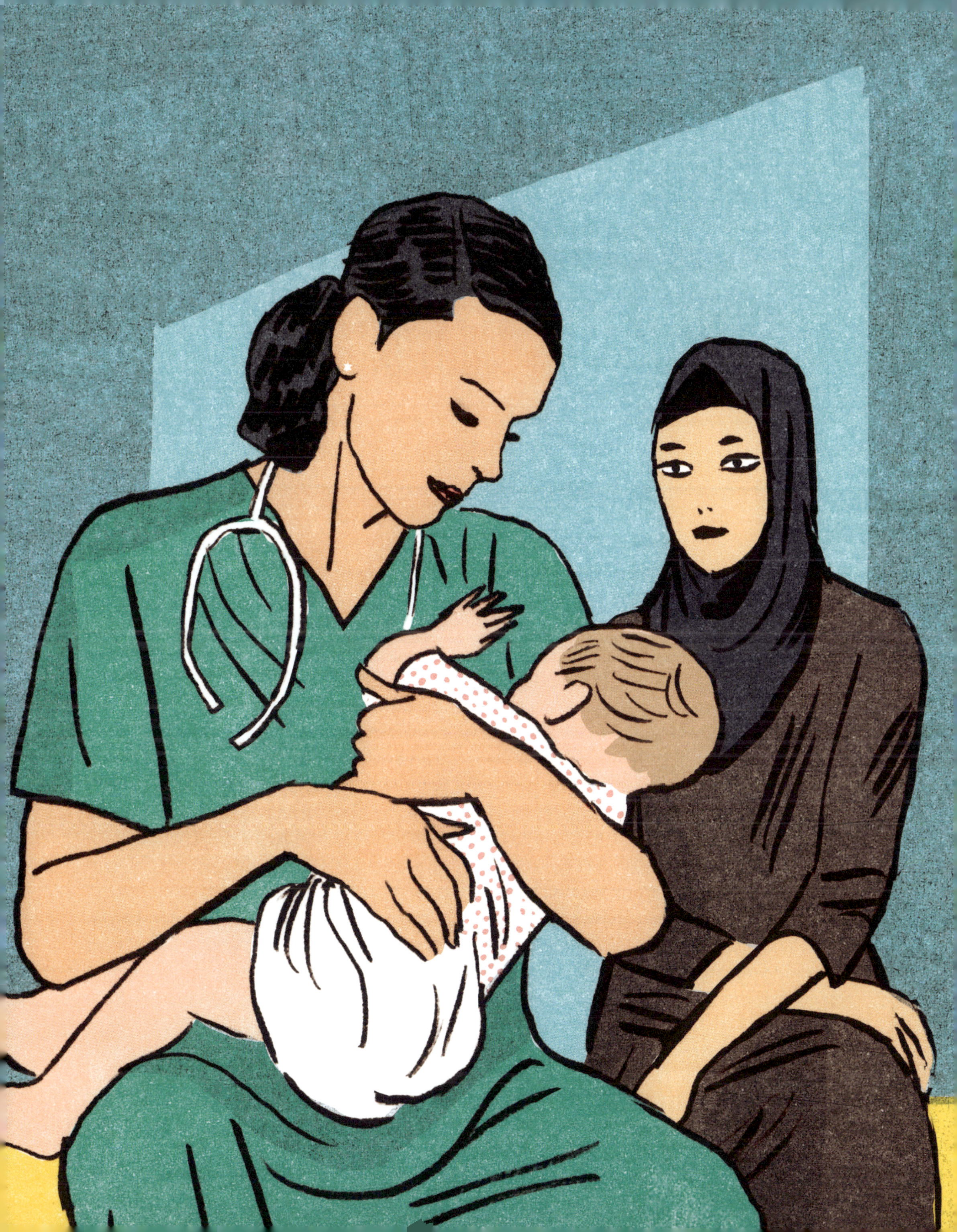

— **ESPAGNE** Septembre 2018 —

JOSÉ MANUEL RODRÍGUEZ LAGO

« Les garçons doivent comprendre que les tâches ménagères ne sont pas un travail réservé aux filles ! »

José dirige un collège de garçons, et ne prend pas sa tâche à la légère. Avec son équipe d'enseignants, ils réfléchissent sans cesse à la façon de préparer au mieux leurs élèves à leur future vie. Parmi les sujets qui lui tiennent à cœur, il y a l'égalité entre hommes et femmes, cette égalité qui passe aussi par des petits gestes de la vie quotidienne. Chaque année, lors de la journée de la femme, il regarde les chiffres qui sont publiés, et ça le désespère : une femme passerait toujours en moyenne deux fois plus de temps à faire des tâches ménagères que son mari !

Alors pour cette rentrée 2018, il décide de prendre le problème à la racine. Il réunit les professeurs, quelques parents d'élèves et leur soumet son idée : et si, en plus des mathématiques et de l'économie, ils mettaient en place des cours obligatoires de repassage ou de couture ? Face à son équipe presque entièrement masculine, il annonce franchement la couleur : « C'est à nous, les hommes, de mettre un coup d'accélérateur. Et pour ça, rien de tel que la pratique ! » Passée la surprise, ils jouent tous le jeu. Andres, le professeur d'économie, accepte de prouver aux élèves que l'on peut très bien être un homme respecté tout en maniant un fer à repasser ! Gabriel, le professeur de biologie, décide de prendre en charge les cours de cuisine, et quelques parents d'élèves prêtent main-forte pour le reste.

C'est ainsi que, depuis, à peine le cours d'économie terminé, on peut voir les garçons du collège Montecastelo sortir leur planche à repasser. Et avec le même sérieux qu'il met à les initier à l'économie, Andres passe dans les rangs et leur montre à quel moment mettre un pschitt de vapeur par-ci, quelques gouttes d'eau par-là. Au début, certains ont cru à une blague et des petits rires gênés fusaient. Mais pour beaucoup, ces petites séances de pratique ont été un vrai déclic. C'est un bonheur pour José de voir comme ils sont désormais fiers de montrer qu'ils savent recoudre un bouton tout seuls ou faire leur lessive. Et bonne nouvelle pour toutes celles et ceux qui aspirent au partage des tâches, l'idée de José a fait parler d'elle jusqu'en Argentine, où de nombreux collèges prévoient de lui emboîter le pas.

— **ÉTATS-UNIS** 26 novembre 1832 • 21 février 1919 —

MARY EDWARDS WALKER

« Pourquoi fixe-t-on des limites aux femmes, alors que les hommes, eux, sont libres de faire tout ce dont ils sont capables ? »

Mary est élevée par un père aux idées modernes. Chez lui, les filles reçoivent la même éducation que leur frère : il les encourage à faire des études, refuse de les emprisonner dans des corsets ou les lourdes robes à la mode… Si elles ont envie de donner un coup de main à la ferme, il les autorise à porter un pantalon pour être plus à l'aise, et tant pis si on les regarde d'un drôle d'œil. Leur maman est institutrice à l'école du coin, un des rares métiers alors accessibles aux femmes, et c'est assez naturellement que, devenue adulte, Mary commence à enseigner à son tour. Avoir un travail et ne pas dépendre de son futur mari, c'est déjà original pour l'époque mais Mary a un autre projet. Depuis toute petite, elle rêve de devenir médecin. Soutenue par ses parents, elle économise pour ses études et part en quête d'une école de médecine qui accepterait de former une jeune fille. Pendant plusieurs années, elle sera la seule fille de sa promotion et, à vingt-et-un ans, la voilà diplômée et amoureuse par la même occasion. Elle épouse un camarade de classe, médecin lui aussi, mais le jour de son mariage elle en surprend plus d'un : on lui demande de « jurer obéissance à son mari » ? Au nom de quoi ? Mary refuse, pour elle l'amour se construit à égalité ! On lui propose de prendre le nom de son mari comme toutes les femmes de l'époque ? Quelle idée, elle en a déjà un, elle gardera le sien ! Mary a un tempérament bien trempé et elle ne plaisante avec rien de ce qui peut entraver son indépendance. Avec son mari, elle ouvre un cabinet de médecins, mais les gens ne font pas confiance à une femme et le cabinet a peu de patients. Malheureusement, son mariage ne fonctionne pas mieux car son mari la trompe. C'est une désillusion terrible pour elle. Elle n'a pas le droit de demander le divorce, mais elle le quitte sur-le-champ.

C'est alors que son pays, les États-Unis, sombre dans une guerre civile entre le Sud et le Nord. Le Sud veut maintenir l'esclavage, le Nord veut l'abolir. Mary décide aussitôt de rejoindre le Nord. La guerre fait des ravages, on a besoin de chirurgiens. Elle va trouver les responsables de l'armée pour leur proposer son

aide. « Vous, chirurgien, vous plaisantez ? » Mary n'est pas assez formée et une femme chirurgien, on n'a jamais vu ça dans l'armée ! Qu'à cela ne tienne, elle reprend ses études et décroche son diplôme de chirurgie.

Lorsqu'elle retourne sur le champ de bataille, l'armée la refuse à nouveau comme chirurgienne. Mary fulmine, mais elle veut être utile et accepte le seul rôle qu'on lui propose : infirmière. Les médecins amputent les blessés à tour de bras, sous ses yeux. Mary sait que c'est souvent inutile et s'insurge. Elle conseille discrètement aux blessés de s'y opposer, en leur expliquant que d'autres soins sont possibles. Elle se démène, elle est partout. Après quelques mois, sa persévérance finit par payer : elle est nommée assistante chirurgien, une première pour une femme ! Elle va enfin pouvoir soigner à sa façon.

Infatigable, quand elle se rend compte que la guerre ne touche pas que les soldats mais qu'elle épuise aussi les civils, Mary fait des doubles journées. Après son travail, elle traverse les lignes ennemies pour aller aider une femme à accoucher, soigner des malades ou arracher quelques dents abîmées qui risquent de s'infecter. Ces aller-retours sont risqués, alors, pour faciliter ses déplacements, elle porte un uniforme d'officier. Une tenue qu'elle trouve si pratique qu'elle ne portera dorénavant plus que des habits d'homme. Mais son dévouement n'est pas vu d'un très bon œil. Pourquoi soigne-t-elle des ennemis ? Le bruit commence à courir que c'est une espionne et, un jour, alors qu'elle chevauche seule pour aller rejoindre des patients, elle est faite prisonnière. Après quatre longs mois derrière les barreaux, elle est enfin libérée lors d'un échange de prisonniers : des médecins sudistes contre des médecins nordistes. Mary vit cet échange comme une fierté, c'est la première fois qu'on la traite à égalité avec un homme !

À la fin de la guerre, elle reçoit la plus prestigieuse médaille militaire, jamais accordée à une femme. Malheureusement, quelques années plus tard, le gouvernement veut la lui retirer, pour la réserver à « ceux qui ont combattu ». Mary refuse de la rendre et la portera fièrement jusqu'à sa mort. Elle reçoit une pension misérable : la moitié de celle des hommes et plus petite que celle de beaucoup de veuves de guerre. Même ses amies féministes, dont elle a pourtant toujours soutenu la cause, finissent par s'éloigner d'elle à cause d'une divergence concernant la façon d'obtenir le droit de vote des femmes. Si elles se battent pour le réclamer, Mary, elle, considère que les femmes n'ont pas à s'abaisser à demander ce droit comme une faveur : étant citoyennes américaines elles ont, de ce fait, les mêmes droits que les citoyens hommes. Des idées trop modernes, sans doute, même pour les plus féministes de l'époque ! Mary mourra seule et pratiquement sans argent dans la ferme de ses parents, un an avant que le droit de vote soit enfin accordé aux femmes américaines.

— **FRANCE** 26 février 1802 • 22 mai 1885 —

VICTOR HUGO

« Je n'écris que d'une main, mais je combats des deux. »

Un homme a marqué Victor à tout jamais : c'est son parrain. Il s'appelle Victor, comme lui, et est recherché par la police pour avoir participé à un complot contre l'empereur. Caché dans sa maison, il s'occupe de lui comme un père, joue à le faire voler dans les airs et lui fait découvrir des livres sublimes. Surtout, il lui parle comme à un grand. C'est la première fois que Victor entend parler de « liberté » ou de « justice » mais, en voyant comme son parrain s'anime quand il en parle, il sent que ce sont des choses vraiment importantes. Quand, au bout de plusieurs années, la police retrouve la trace de cet homme, il est arrêté et condamné à mort. Pour Victor, c'est un choc terrible. Ça lui semble tellement inhumain qu'il ne l'oubliera jamais.

Pour noyer son chagrin, il se plonge dans la lecture et passe plusieurs années à dévorer tous les livres qui lui tombent sous la main. Sa mère lui laisse tout lire, même ceux qui ne sont pas de son âge. Elle se dit que si ce n'est pas pour lui, il ne comprendra pas, et que tout ce qu'il pourra lire lui apprendra bien quelque chose. Et en effet, Victor apprend beaucoup de choses ! Il construit sa pensée, commence à avoir des avis bien à lui sur toutes sortes de sujets, comme la peine de mort ou l'esclavage. Mais surtout, à force de lire, il commence à avoir envie d'écrire. Allongés par terre, lui et son grand frère s'écrivent des poèmes, font des concours entre eux… Il envoie un premier poème aux plus grands écrivains du pays, à l'Académie française. Il n'a que quatorze ans et on le félicite déjà pour la qualité de son travail !

Victor sait désormais ce qu'il va faire : il sera écrivain. À partir de ce moment-là et jusqu'à sa mort, il n'arrêtera plus d'écrire, et il utilisera sa plume pour défendre tous ceux qu'il trouve injustement traités. Alors qu'il se promène place de l'Hôtel-de-Ville, il tombe nez à nez avec un bourreau en train de graisser la guillotine pour une exécution. Ce n'est pas la première fois qu'il assiste à ce triste spectacle et, comme chaque fois, il sent monter en lui une profonde indignation. Comment peut-on tuer froidement un autre être humain, au nom de la justice ? Punir un homme d'avoir tué en le tuant à son tour ? À peine rentré chez lui, il se met à écrire pour raconter la dernière journée d'un condamné à mort. Il veut que ses lecteurs se mettent à la place du condamné, qu'ils ressentent sa terrible attente, sa peur de la mort, alors il l'écrit à la façon d'un journal intime, comme si c'était le condamné lui-même qui parlait.

Mais l'injustice suprême, celle qui le touche le plus, c'est la pauvreté. Chaque jour, dans les rues de Paris et d'ailleurs, Victor voit bien que le peuple se débat dans une misère atroce. Les enfants sont souvent obligés de travailler dès leur plus jeune âge pour rapporter de l'argent, les femmes en sont parfois réduites à vendre leurs cheveux ou leurs dents, les hommes se font arrêter et emprisonner s'ils volent du pain pour nourrir leur famille, et tout cela semble se passer dans l'indifférence générale. Pour Victor, ce silence est insupportable. Si « les misérables », comme il les appelle, n'ont pas les moyens de se faire entendre, il va leur donner la parole ! Il plonge avec fougue dans ce nouveau projet qui va lui prendre des années.

Mais cela ne lui suffit pas. Victor veut agir, essayer de changer les lois. Alors, il se lance en politique. Ses discours à l'Assemblée font scandale. Devant tous les responsables du pays, pour la première fois, il raconte la vie du peuple, explique que, contrairement à ce qu'on pense, la misère n'est pas une fatalité. Il demande qu'on interdise le travail des enfants et qu'on crée pour eux l'école gratuite, obligatoire et laïque, pour que chacun puisse grandir en homme ou en femme libre. Sa façon de voir les choses choque, car à cette époque on est encore habitué à considérer que la vie est une loterie : soit on naît pauvre soit on naît riche, mais on n'est pas prêt à imaginer qu'on puisse aider les pauvres à ne plus l'être ! Quand il apprend que Louis-Napoléon Bonaparte, le neveu de l'empereur, qui a été élu président, refuse de céder le pouvoir comme la loi l'y oblige, Victor voit rouge et pousse le peuple à se révolter, en vain. L'empire est rétabli et celui qui se fait désormais appeler Napoléon III reste sur le trône. Victor est condamné à l'exil, il doit quitter la France. Loin de ses amis, isolé de tous sur une île anglo-normande, à Guernesey, il reprend la plume et pendant un an travaille comme un acharné à terminer *Les misérables*, un roman « montagne » comme il le qualifie lui-même, qui sera publié en dix volumes ! À la sortie de chaque tome, c'est un tel succès que des lecteurs impatients font la queue devant les librairies dès six heures du matin !

Victor pourrait revenir en France, l'empereur l'y autorise, mais, inflexible, il déclare : « Je rentrerai quand la liberté rentrera ! » Il attendra plus de dix-neuf ans l'abdication de Napoléon III et la proclamation de la Troisième République. Mais dès le lendemain, il est de retour, et accueilli comme un héros par le peuple ! Pour ses quatre-vingts ans, son anniversaire est déclaré jour férié et cinquante mille écoliers, venus de toute la France, défilent sous sa fenêtre pour le saluer ! À sa mort, plus de deux millions de personnes suivront la modeste charrette qui transportera son cercueil. Car fidèle à ses combats, Victor a demandé que son corps soit transporté dans la « voiture des pauvres ».

LAURE PASCAL*

« Je ne me suis pas trompée, il y a encore des cœurs qui battent vraiment ! »

Laure a souvent croisé la silhouette de ce SDF dans la rue. Pourquoi s'arrête-t-elle ce jour-là ? Le vieil homme a posé devant lui une pancarte : « Cherche travail de peintre », et ça l'a émue. Elle découvre qu'il s'appelle Jan*, qu'il est tchèque et qu'il est venu en France pour travailler sur des chantiers. Et puis les chantiers se sont faits rares, il a perdu son logement et, sans argent, impossible de rentrer dans son pays. Jan veut vraiment travailler. Touchée, Laure lui propose de repeindre le studio de sa fille. Elle achète le matériel, lui ouvre la porte et le laisse. Une fois de retour, elle n'en croit pas ses yeux : « Il est extraordinaire, ne cesse-t-elle de répéter, il sait tout faire et il est méticuleux comme un horloger suisse ! »

À la fin du chantier, Laure ne se résout pas à abandonner Jan. Les centres d'accueil sont débordés, alors elle poste un message sur internet. Elle écrit les mots comme ils lui viennent : « Je veux sauver Jan ! Sauvez-le avec moi ! Allez lui parler, il est à Bordeaux, cours de l'Intendance, vous verrez comme il est gentil, les commerçants le surnomment Papa Noël. Donnez-lui du travail, ou un hébergement, l'hiver arrive, on ne peut pas le laisser dehors. » Très vite, un attroupement se forme autour de Jan, et le soir même, le message de Laure a été partagé plus de huit mille fois. Toutes les trois secondes son portable vibre, elle reste éveillée jusqu'à une heure du matin en répétant en boucle : « C'est génialissime ! C'est génialissime ! » Beaucoup de personnes proposent d'accueillir Jan dans leur maison à la campagne. Laure les remercie, mais elle leur explique qu'il a besoin de garder les quelques repères qu'il a en ville. Finalement, deux jours seulement après son message, une solution inespérée se présente. Une jeune femme propose un logement avec un loyer à zéro euro jusqu'en avril. Le bail est signé en trois exemplaires, Jan passera l'hiver au chaud. Laure n'en revient pas : « Comme beaucoup de gens qui galèrent, dit-elle, Jan n'osait plus frapper aux portes mais pour moi qui ai une grande gueule, ça m'a paru tout simple… »

* *Les noms de cette histoire ont été changés.*

— ÉTATS-UNIS —

Helen : 27 juin 1880 • 1er juin 1968 / Anne : 14 avril 1866 • 20 octobre 1936

HELEN KELLER & ANNE SULLIVAN

« Aucun pessimiste n'a jamais découvert le secret des étoiles ou navigué jusqu'à des terres inconnues. »

Alors qu'elle n'est encore qu'un bébé, Helen tombe gravement malade. Quand enfin la fièvre baisse, tout est devenu noir et silencieux autour d'elle… Ses parents sont là, mais Helen ne les voit pas, ne les entend pas : elle est devenue aveugle et sourde. Elle ne comprend pas ce qui lui arrive. Elle voudrait hurler pour appeler au secours, demander de la lumière mais elle ne sait pas encore parler… Alors elle se roule par terre et casse tout ce qui se trouve à sa portée. Ses parents sont désemparés, ils n'osent plus la contrarier et Helen passe cinq longues années à se débattre dans l'obscurité et la solitude, avec ses crises de rage comme seul moyen d'expression.

Jusqu'au jour où une jeune éducatrice entre dans sa vie. Elle s'appelle Anne Sullivan. Helen sent sa présence, jour et nuit auprès d'elle. Anne la contraint à se laver, à se peigner, Helen se débat, elle la griffe, la mord. Anne essaie de lui apprendre à manger avec une cuillère. Helen se cabre, elle gesticule et fait voler les assiettes. Anne encaisse les coups et tient bon. Elle-même a été aveugle et elle a en partie recouvré la vue. Elle comprend ce que ressent Helen, et elle veut la sortir de son enfermement. Un midi, Anne tend une tasse à Helen, elle verse de l'eau dedans et commence à écrire lentement le mot « eau » dans sa paume, lettre après lettre. Ensuite, elle l'emmène dans le jardin, fait couler de l'eau fraîche sur ses doigts, et recommence à épeler le mot sur sa paume… En sentant l'eau ruisseler sur sa main, ça y est, Helen comprend ! E-a-u ! Eau ! Cette chose liquide et fraîche, ça s'appelle de l'eau ! Elle devine tout à coup que chaque chose a un nom et qu'elle peut les nommer. Les portes de sa prison commencent enfin à s'ouvrir… À la fin de la journée, elle a déjà appris trente nouveaux mots et, en quelques mois, elle va en apprendre plus de six cents !

À partir de là, Helen ne connaît plus l'ennui. Finies les colères. Elle a une soif d'apprendre incroyable et elle est infatigable. De son côté, Anne fait preuve d'une inventivité prodigieuse pour l'aider à enjamber toutes les barrières qui l'isolent du monde. Elle lui traduit mot à mot,

sans relâche, tout ce qu'elle voit, tout ce qu'elle entend. C'est relativement facile quand Helen peut toucher les choses avec ses mains, mais comment faire quand il s'agit de notions abstraites, comme « penser » par exemple ? Pour les lui faire comprendre, Anne la confronte à des problèmes difficiles à résoudre et, pendant qu'elle réfléchit, elle lui touche le front en épelant le verbe « penser » dans sa paume. Pour chaque difficulté, elle trouve une solution : Helen rêve d'avoir accès aux livres dont elle lui parle, elle lui apprend à lire grâce à des livres en braille, un alphabet formé de petits points en relief. Helen ne se contente plus du langage dans sa paume, elle voudrait l'impossible, elle voudrait parler, elle aussi. Alors, Anne promène sa main sur son visage, elle lui fait sentir les positions de sa langue et de ses lèvres, les vibrations de sa gorge. Helen s'entraîne inlassablement à sentir ces vibrations et à les imiter... et un jour, enfin, elle prononce sa première phrase : « Je ne suis plus muette ! »

Les deux jeunes femmes ne doutent plus de rien. L'optimisme est devenu le maître mot d'Helen, « car il donne la confiance qui mène au succès », dira-t-elle souvent. Helen veut aller à l'université, Anne l'accompagne. Grâce à son immense persévérance et à l'infinie patience d'Anne, Helen va réussir à suivre le programme en mathématiques, grec, latin, allemand, histoire... et devient la première personne sourde et aveugle diplômée d'une grande université ! Dès lors, Helen n'a plus qu'un désir : partager son expérience. Elle écrit l'histoire de sa vie, *Sourde, muette, aveugle*, qui sera traduite dans plus de cinquante langues. Helen et Anne commencent à voyager et rencontrent des dirigeants du monde entier pour attirer leur attention sur le sort des personnes handicapées. De conférence en conférence, leur témoignage permet de changer le regard que l'on porte sur les sourds-muets. Ils étaient jusqu'alors internés dans des asiles, comme des fous. Grâce à elles, on comprend qu'ils ont simplement besoin d'être accompagnés pour sortir de leur enfermement. S'intéressant à tout et ne voulant pas être réduite à son handicap, Helen milite aussi pour les droits des femmes et s'engage contre toutes les formes de ségrégation.

Les deux amies ne se quitteront jamais. Anne se mariera, mais le couple restera vivre avec Helen. Et quand Anne, gravement malade, sera prête à mourir, c'est la main dans celle d'Helen qu'elle s'éteindra.

— **COLOMBIE** Né en 1963 —

JOSÉ ALBERTO GUTIÉRREZ SANDOVAL

« La lecture a été un vrai cadeau pour moi, alors je suis trop heureux de pouvoir partager ça avec les gens de mon quartier ! »

Si vous vous promenez un jour dans le quartier pauvre de la Nueva Gloria, à Bogotá, demandez à n'importe quel habitant, il saura vous indiquer la maison de José. Ce n'est pourtant pas un monument national, mais celui qui y habite a une particularité : c'est un passionné de livres. D'où lui vient cette passion ? Quand il était petit, chaque soir, dans leur minuscule maison perdue dans la montagne, sa mère leur lisait une histoire, à lui et à ses frères et sœurs. Lové contre elle, il voyageait dans des mondes incroyables, combattait des dragons, traversait des tempêtes pour voler au secours de peuples en danger. Quelle incroyable sensation de liberté ! Bercé par la voix de sa mère, il s'envolait loin de la misère, découvrait comme le monde pouvait être vaste, combien de vies différentes il était possible de vivre…

Puis José a grandi et, à la fin du primaire, il a dû abandonner l'école pour commencer à travailler. Devenu éboueur, il gagne à peine assez d'argent pour survivre et, comme tous ses voisins, il ne peut pas s'acheter de livres. Un matin, lors d'une de ses tournées à bord de son camion poubelle, il tombe sur un livre au milieu des ordures. C'est *Anna Karénine* de Léon Tolstoï*, une formidable et terrible histoire d'amour. José en est tout retourné : comment peut-on jeter une merveille pareille ? Il le ramasse et le rapporte chez lui. Cette découverte va changer sa vie. Désormais, pendant ses tournées, José scrute les poubelles, et jour après jour, il ramasse les livres que les autres jettent. Les étagères de sa maison se remplissent d'exemplaires du *Petit Prince*, de *L'Iliade* et de *L'Odyssée*, du *Monde de Sophie*, et la nouvelle se répand peu à peu dans le quartier… Les voisins frappent régulièrement à sa porte pour lui emprunter un livre pour eux, ou pour aider leurs enfants à faire leurs devoirs. Toute la famille de José participe : sa femme Luz, qui est

* *Lire l'histoire de Léon Tolstoï, p. 214.*

couturière, s'applique à réparer les ouvrages qui en ont besoin et ses enfants aident José à trier et ordonner toutes ses trouvailles. Au fil des années, le rez-de-chaussée de la maison se transforme en un labyrinthe de livres. Il y en a jusqu'au plafond, mais José réussit toujours à se faufiler parmi ses vingt-cinq mille ouvrages pour dénicher celui qu'il cherche. Sa maison est devenue une vraie bibliothèque de quartier gratuite. Il l'appelle « La Force des mots », et y organise même des ateliers de lecture pour les enfants. Les parents sont ravis, ils savent qu'ils peuvent les y laisser sans qu'ils risquent de traîner dans la rue ou de faire des bêtises, José se fera une joie de leur faire découvrir une de ses nombreuses merveilles !

Aujourd'hui, José n'a plus besoin de ramasser les livres dans les poubelles. Le travail de fourmi qu'il a accompli pendant vingt-cinq ans est maintenant connu sur tout le continent et de nombreux donateurs lui envoient directement les livres dont ils n'ont plus besoin, plutôt que de les jeter ! José partage ses trésors avec tous ceux qui le lui demandent : des écoles, d'anciens guérilleros qui souhaitent revenir à une vie normale, et même des communautés indigènes en pleine jungle. « Plus on en donne et plus on en reçoit ! Plutôt pas mal comme malédiction, non ? » plaisante-t-il. Et, à force de vivre entouré de livres, il a trouvé le courage de reprendre le chemin de l'école : à cinquante-six ans, il s'est inscrit pour passer le bac !

— **INDE** 1er janvier 1934 • 17 août 2007 —

DASHRATH MANJHI

« Ne comptez sur personne, pas même sur les dieux… Mais faites en sorte que les dieux puissent compter sur vous ! »

Si on devait présenter Dashrath en deux mots, on pourrait dire qu'il est remarquablement têtu ! Enfant, il est promis en mariage, comme c'est la coutume dans son pays, à une petite fille qui s'appelle Falguni. Puis il part travailler pendant plusieurs années loin de son village. Quand il revient chez lui pour se marier, la première personne qu'il voit est une jeune fille dont la beauté le bouleverse. Il pense à elle jour et nuit, convaincu que c'est avec elle et personne d'autre qu'il veut faire sa vie. Mais comment faire ? Son mariage est déjà arrangé… Quand, enfin, Dashrath prend son courage à deux mains et va lui parler, il découvre… que la jeune fille n'est autre que Falguni !

Les deux amoureux se marient et Dashrath se sent comblé de vivre avec celle qu'il aime. Pourtant, leur vie est difficile, car leur village est au pied d'une immense montagne qui les coupe de tout. Dashrath se décarcasse pour trouver des petits boulots. Et Falguni, qui prend chaque jour des risques en grimpant sur la montagne pour aller chercher de l'eau, finit par faire une chute très grave. Prévenu par un voisin, Dashrath se précipite et découvre sa femme inconsciente. Impossible de l'emmener à l'hôpital, il est de l'autre côté de la montagne, il faudrait faire plus de soixante-dix kilomètres ! Veillant à son chevet, Dashrath a si peur de la perdre qu'il se fait la promesse de trouver une solution pour rapprocher l'hôpital de son village. Une nuit, enfin, Falguni se réveille… Dashrath est le plus heureux des hommes ! Mais il n'oublie pas sa promesse. Le soleil est à peine levé qu'il vend ses trois chèvres pour s'acheter un marteau et un burin, et file en direction de la montagne. Il plante son burin dans la roche et commence à la marteler jusqu'au soir. Le lendemain, dès l'aube, il reprend ses outils. Sous une chaleur accablante, il s'acharne sur la montagne à la seule force de ses bras. Tout le monde le prend pour un fou, sauf Falguni qui est fière de son entêté de mari.

Il faudra vingt-deux ans à ce petit homme frêle pour fendre l'énorme montagne, mais il parviendra à ouvrir un passage ! Dashrath a tenu sa promesse, désormais tous les habitants du village peuvent se faire soigner à l'hôpital qui, grâce à lui, n'est plus qu'à sept kilomètres !

Illustration :

— **ÉTATS-UNIS / FRANCE** 3 juin 1906 • 12 avril 1975 —

JOSÉPHINE BAKER

« J'étais sûre que des enfants pourraient montrer l'exemple d'une fraternité universelle. »

À cette époque, Joséphine est une star internationale. Elle a déjà chanté sur toutes les scènes du monde, épuisé trois maris, partagé sa vie avec un guépard, été espionne pour la France, et rien ni personne ne peut l'arrêter quand elle décide, en sortant de scène, d'aller danser toute la nuit… Elle aime la fête, l'amour, la vie. Mais il y a une chose qui la révolte, c'est le racisme. Elle a toujours profité de sa célébrité pour le combattre mais, à bientôt cinquante ans, les interviews, les conférences, les galas qu'elle donne sans compter pour défendre l'égalité entre les hommes ne lui suffisent plus. Avec son quatrième mari, Jo Bouillon, elle décide de passer aux choses concrètes : ils vont adopter des enfants des quatre coins du monde, et prouver ainsi à la terre entière que l'on peut vivre en harmonie sans avoir la même couleur de peau.

Jo – qui connaît la folie des grandeurs de sa femme – lui fait promettre de s'en tenir à cinq enfants. Joséphine le rassure et promet : ils adopteront un Ivoirien, un Français, un Indien, un Israélien et un Japonais, c'est tout. Mais quand elle rentre du Japon, elle a déjà adopté deux enfants, Akio et Janot : ils la suivaient partout, comment résister ? D'une tournée en Finlande elle ramène Jari, plus blond que les blés, puis de Colombie, Luis, plus noir que l'ébène. Suivront Jean-Claude, Moïse, Brahim, Marianne, Koffi, Mara, Noël et Stellina. Jo doit se rendre à l'évidence : ils ont douze enfants à élever ! Ça tombe bien, il les adore ! Joséphine a acheté un château en France pour les abriter. Il s'appelle : « les Mirandes ». Joséphine, qui ne sait pas prononcer les « r » à cause de son accent américain, le rebaptise « les Milandes » grâce à un petit tour de passe-passe dont elle a le secret. Et tout ce petit monde s'ébat joyeusement, selon deux grands principes chers à Joséphine : la liberté et la tolérance. On peut courir sur les collines avoisinantes, enjamber les rambardes en jouant les équilibristes à plus de trente mètres au-dessus du sol, mais il est interdit de manquer de respect à ses frères et sœurs. Là-dessus, elle est intraitable ! Car en plus de l'amour sincère, profond et exubérant qu'elle éprouve pour ses enfants, Joséphine est fidèle à son projet : ses douze enfants, qu'elle appelle tendrement sa « tribu arc-en-ciel » incarneront la fraternité sur

Illustration : Lucie Durbiano

terre. De ce côté-là, ils doivent donc être exemplaires et, pour que les foules puissent en témoigner, elle crée tout un village autour du château avec hôtel, restaurant, cabaret, guinguette. À l'entrée, un grand panneau annonce la couleur : « Les Milandes, village du monde, capitale de la fraternité universelle » !

Les chantiers successifs coûtent une fortune. Qu'à cela ne tienne, Joséphine repart inlassablement en tournée. Jo, qui a abandonné son métier de chef d'orchestre pour devenir papa à plein temps, surveille les travaux et se dépense sans compter. Quand Joséphine rentre, elle est là à deux cents pour cent, troquant ses robes à paillettes pour une salopette de maçon. Et le soir sur son grand lit à baldaquin, serrés les uns contre les autres, tous ses enfants embarquent au pays des histoires où le rire de Joséphine jaillit, plus enfantin encore que celui des douze autres ! Mais les dettes s'accumulent. Jo essaie de trouver des solutions, Joséphine s'énerve et ne l'écoute pas. À ses propositions d'économie, elle répond par de nouvelles dépenses. Épuisé par leurs désaccords, il se résout à la quitter. Mais il refusera toujours de divorcer et sera là jusqu'au bout pour ses enfants.

Restée seule, Joséphine se bat. Plusieurs fois elle parvient à éviter *in extremis* la vente du château. De nombreuses célébrités s'émeuvent qu'une si belle idée soit menacée et tentent de l'aider. Comme Brigitte Bardot, grande star de l'époque qui, sans la connaître ni même la prévenir, fera un appel aux dons à la télévision et montrera l'exemple en envoyant un gros chèque à Joséphine. Mais en vain : alors qu'elle est à l'étranger, l'irréparable se produit : le château est mis aux enchères. Joséphine rentre et envoie toute sa tribu l'attendre à Paris, elle veut rester seule. Qu'ils viennent la déloger, s'ils l'osent ! Ils vont oser... Le nouveau propriétaire envoie « des gros bras » la jeter dehors. Elle se retrouve en chemise de nuit sous la pluie.

La folle aventure des Milandes est morte ce jour-là. Mais comme elle ne cessera de le répéter : « Si on peut tuer un projet, on ne peut pas tuer une idée. » Et l'idée que les différences de couleur de peau, d'origine ou de religion ne sont en aucun cas un obstacle à la fraternité, ses enfants continuent de l'incarner. Eux qui, quarante-cinq ans après sa mort, loin des caméras, traversent le monde, chaque fois qu'ils le peuvent, pour se retrouver.

— **INDE** Né le 23 septembre 1965 —

MANVENDRA SINGH GOHIL

« Je me sers de mon titre pour encourager les gens à respecter les droits des autres. »

Manvendra n'est pas n'importe qui : c'est le fils d'un maharaja indien. Être prince, surtout quand on est supposé hériter du trône, ça a des avantages, c'est sûr, mais cela s'accompagne aussi de lourdes responsabilités. Manvendra sait qu'il doit être un exemple pour ses sujets. Alors, depuis qu'il est tout petit, il s'applique pour en être digne et ne s'autorise qu'une seule excentricité : un ravissant costume de soie rose, qu'il arbore fièrement à chaque apparition publique et qui lui vaut assez vite le surnom de « prince rose ».

À le voir se promener parmi ses sujets, toujours impeccable et tout sourire, on ne devine rien du secret qui le ronge. Pourtant, depuis qu'il est jeune adolescent, le prince s'inquiète. Contrairement à ses camarades, qu'il voit s'amouracher de toutes les jeunes filles qu'ils rencontrent, Manvendra a l'impression d'être amoureux… d'un garçon. Comment ça se fait ? Est-ce que c'est une phase normale quand on grandit, est-ce que ça va passer ? Ou bien est-ce une maladie, comme il l'a si souvent entendu dire ? Il aimerait tellement pouvoir poser toutes ces questions à quelqu'un, mais à qui ? Il est si seul dans son palais… Certainement pas à ses parents en tout cas, pour eux, ce serait un tel déshonneur ! Et puis, dans son pays, on ne parle pas trop de ces choses-là, qui sont considérées comme un crime ; il pourrait se retrouver en prison… Alors, Manvendra ne dit rien et, quand ses parents lui demandent de se marier, il se plie à leur volonté. Après tout, peut-être qu'avec le temps il apprendra à aimer sa femme et pourra offrir à ses parents les petits héritiers dont ils rêvent ? Mais, très vite, Manvendra comprend qu'il a eu tort : non seulement il n'arrive pas à éprouver d'amour pour sa femme mais voilà qu'il l'a entraînée dans son mensonge et la fait souffrir à tel point qu'elle le quitte. Manvendra s'en veut, il ne s'est jamais senti aussi mal et ça se voit. Il n'est plus que l'ombre de lui-même, n'a plus goût à rien… Inquiets, ses parents finissent par le faire hospitaliser. C'est un médecin qui aidera Manvendra à mettre un mot sur ce qu'il vit : contrairement à ce qu'il pensait, Manvendra n'est pas malade, il est simplement homosexuel ! Et son médecin est formel : s'il veut retrouver le goût de vivre, il ne doit plus essayer d'être quelqu'un d'autre, il faut qu'il parle à ses parents. Manvendra se rend bien compte qu'il n'a plus le choix mais, à chaque fois qu'il essaie de leur parler, il est si noué qu'il n'y parvient pas. C'est finalement le médecin qui s'en chargera. Comme Manvendra s'y attendait, ses parents réagissent très mal. Son père est effondré, sa mère crie à la malédiction. Et que va-t-il arriver si cela s'apprend ? Ils deviendront la risée de leurs sujets ! À contrecœur, Manvendra doit promettre de n'en parler à personne. Pour le « guérir », pendant des mois, sa mère va lui faire subir toutes sortes de traitements, des opérations, des séances d'électrochocs... Manvendra supporte tout en silence mais, au fond de lui, quelque chose a changé : il sait qu'il n'est plus seul. Ce qu'il vit, de nombreux autres homosexuels doivent le subir aussi dans le pays : toute cette culpabilité, cette pression, ces traitements, la peur d'être déshérité ou de finir en prison qui oblige chacun à se cacher... Ces maux, Manvendra les connaît bien, mais il sait aussi une chose : si tout le monde continue de vivre caché, les choses ne changeront jamais. En tant que prince, il a peut-être gros à perdre, mais il a aussi le devoir de montrer l'exemple ! Alors, quand une journaliste vient l'interviewer, Manvendra lui raconte tout et bientôt la révélation de son homosexualité fait la une de tous les journaux. Le pays entier est sous le choc. Manvendra ne peut plus se promener sans être hué ou voir des photos de lui brûlées dans les rues. Ses parents le renient et l'envoient vivre à l'écart dans un petit palais rose, comme lui. Une chance, car Manvendra le sait, beaucoup d'homosexuels, quand ils ont le courage d'avouer leur secret à leur famille, se retrouvent à la rue. Pour les héberger, il ouvre les portes de son palais. Nombre d'entre eux sont très malades, alors Manvendra organise les soins. Et tous ceux qui, à force de rejet, ont perdu toute estime d'eux-mêmes, il les aide à reprendre confiance. Il leur propose des formations, les encourage à apprendre un métier, pour qu'ils puissent avoir une vraie vie, sans l'aide de leur famille.

Aujourd'hui, même si sa mère ne lui parle toujours pas, Manvendra est heureux. Il s'est réconcilié avec son père, qui lui a même avoué qu'il était fier de lui. Et, surtout, il est enfin lui-même, et les gens l'ont accepté. Son courage a libéré la parole de nombreux homosexuels et les choses ont commencé à changer : le 6 septembre 2018, la justice de son pays a décidé que l'homosexualité n'était plus un crime et s'est enfin excusée pour ce qui a été pendant cent cinquante-sept ans une loi injuste !

— **ÉTATS-UNIS** Hiver 2015 —

TRISTAN REGINI

« Les docteurs ont sauvé la vie de mon ami, alors j'essaie de les remercier. »

À huit ans, Tristan a plein de copains mais il y en a un qu'il aime tout particulièrement : c'est Cade. Tristan trouve qu'il n'y a pas plus sympa que Cade. Mais un jour qu'il appelle chez lui pour l'inviter, son père lui répond qu'il ne pourra pas le voir parce que Cade a quelque chose dans son cerveau qu'on appelle une tumeur. Il va rester à l'hôpital pour qu'on la lui enlève et qu'on le soigne. Pour Tristan, c'est un choc. Il sent bien que c'est grave, mais c'est quoi une tumeur ? Il court rejoindre sa maman pour lui demander. Elle lui explique que cela s'appelle un cancer. Tristan connaît ce mot, il l'a déjà entendu et sait qu'on peut en mourir, alors il a encore plus peur pour son ami. Sa maman le prend dans ses bras et, pour le rassurer, elle lui parle de l'hôpital et des gens formidables qui vont tout faire pour que Cade puisse guérir. Les jours passent. Tristan, qui n'a pas le droit d'aller voir son ami, lui écrit des mails, en faisant attention à chercher les bons mots, ceux qui donnent des forces et, de temps à autre, ils discutent ensemble sur Skype. Le traitement de Cade est difficile mais il a l'air de bien fonctionner, et Tristan est épaté par le courage de son ami. Quand la nouvelle de la guérison de Cade tombe enfin, Tristan est tellement soulagé qu'il a envie de courir à l'hôpital pour sauter au cou des docteurs ! Il veut faire quelque chose pour les remercier. Il décide de chercher de l'argent pour les aider à sauver d'autres enfants. Mais comment faire quand on n'a que huit ans ? Il a l'idée de monter un stand devant chez lui. Le week-end venu, il prépare des Thermos remplis de bon chocolat chaud et il s'installe sur le trottoir. Pas de chance, il fait un froid de canard ! Tant pis, il s'emmitoufle dans son gros blouson, enfile son bonnet et attend, en sautillant d'un pied sur l'autre et en soufflant dans ses mains pour se réchauffer.

Une demi-heure plus tard, enfin, un voisin s'arrête. Quelques minutes plus tard, un autre voisin passe par là... À la fin du week-end, Tristan a récolté plus de quatre cents dollars ! Encouragé par son succès, il continue le week-end suivant. Bientôt, on commence à parler de lui dans les journaux locaux, et des gens viennent de loin pour le soutenir... À la fin de l'hiver, non seulement il a plus de trois mille dollars qu'il donne fièrement aux médecins mais surtout, Cade est de retour pour tenir le stand avec lui... et ça, c'est vraiment le bonheur !

Illustration : Donatien Mary

HOT
COCO!
OPEN

— **GRANDE-BRETAGNE** Né le 25 juillet 1930 —

JACK PREGER

« Mon travail était tellement nécessaire que je ne me suis jamais senti découragé. »

Jack était paysan en Angleterre. Il n'aurait sans doute jamais quitté sa ferme si, au beau milieu de son champ, une curieuse pensée ne s'était pas invitée dans sa tête : « Et si je devenais médecin ? » Sa femme vient de le quitter en emmenant son fils avec elle, plus rien ne le retient ici. Il mâche et remâche cette idée toute la journée. Le soir, quand il s'arrête enfin, sa décision est prise. Il revend sa ferme pour se payer ses études et devenir médecin.

Quelques années plus tard, le voilà à Calcutta, une ville très pauvre de l'Inde. Chaque matin, il accroche une bâche bleue au-dessus d'un coin de trottoir, il s'assied sur sa boîte en fer et commence à soigner ceux qui s'approchent. Il opère parfois à même le sol sur un plastique. Certains jours, il y a une queue de cinq cents personnes, car le bruit court vite que le docteur Jack est là. Il les soigne tous, quelles que soient leur origine, leur religion et la gravité de leur maladie. Il s'attaque à la tuberculose, à la lèpre et même à la peste. Il est le seul à croire que soigner les gens gratuitement dans la rue est possible mais, comme il le croit, ça le devient ! Le soir, il retire sa bâche et balaie soigneusement pour ne pas laisser de traces… Car le gouvernement indien le pourchasse. On ne lui donne pas le droit de soigner ceux dont personne ne veut s'occuper. Il est expulsé plusieurs fois du pays, il revient. On le met en prison. À peine libéré, il recommence. Devant tant d'obstination, peu à peu, on le tolère. Bientôt d'autres médecins le rejoignent, des infirmières, des bénévoles. Ils sont tous unanimes : Jack est redoutablement têtu. De sa voix douce à peine audible, il organise tout pour les patients, et ne baisse jamais les bras.

Aujourd'hui, il a pu installer quatre autres « cliniques de rue », mais aussi quatre « écoles de rue » qui accueillent des enfants pour les soigner, les nourrir et leur apprendre un métier pour qu'ils n'aient plus besoin de mendier pour vivre. Tous les matins, Jack quitte la petite chambre qu'il habite sur le toit d'une de ces écoles et il part à la rencontre de nouveaux patients. Si on lui dit qu'en quarante ans, il a aidé plus de cinq cent mille personnes à sortir de la maladie et de la misère, il sourit, mais ne s'arrête pas pour autant. À quatre-vingt-dix ans, il n'a pas de temps à perdre !

CALCUTTA
RESCUE
CLINIC

— **KENYA** 1er avril 1940 • 25 septembre 2011 —

WANGARI MAATHAI

« Nous devons aider la Terre à soigner ses blessures et en même temps soigner les nôtres. »

Quand Wangari rentre chez elle, après des années d'études à l'étranger, ses parents sont sacrément fiers d'elle : la jeune Kenyane a réussi à décrocher un doctorat en biologie. C'est la première femme d'Afrique de l'Est à obtenir un tel diplôme ! Mais Wangari n'a pas le cœur à la fête... Elle qui se faisait une joie de retrouver son pays, voilà qu'elle ne le reconnaît pas. Où sont donc passées ses forêts ? Pourquoi les champs fertiles de son enfance sont-ils tout déplumés ? Même le grenier de son village, où chacun avait l'habitude de déposer une petite partie de sa récolte pour ceux qui n'ont rien, est désespérément vide...

Pour comprendre ce qui est arrivé, Wangari se tourne vers les femmes. Il existe beaucoup d'associations de femmes qui sont très actives au Kenya. Elle se rend à de nombreuses réunions pour les interroger, et toutes lui racontent la même chose. Partout, les petites cultures comme le manioc, la banane ou la patate douce, qui assuraient autrefois leur nourriture, ont été remplacées par de vastes champs où l'on ne cultive plus que du café, du thé ou de la canne à sucre pour les vendre à l'étranger. On a dit aux paysans qu'ainsi ils gagneraient de l'argent mais, au lieu de ça, la terre s'est épuisée. Alors pour s'en sortir, ils ont commencé à couper les arbres pour agrandir leurs champs, et les forêts ont disparu elles aussi. Résultat, ils n'ont plus rien. Wangari écoute les femmes lui raconter la misère, le manque de nourriture pour les enfants, de petit bois pour le feu, les cours d'eau qui s'assèchent à vue d'œil... « Si on n'arrête pas rapidement ce carnage, la terre sera fichue et tous ces gens vont mourir de faim et de soif ! » se dit-elle. Elle est biologiste après tout, elle a étudié l'environnement, c'est le moment d'utiliser ce qu'elle a appris... et une idée jaillit, comme une évidence : « Mais oui, les arbres ! »

Elle commence à être connue, elle vient d'être élue à la tête du Conseil national des femmes du Kenya, qui rassemble les principales associations du pays. Elle organise une grande réunion pour leur expliquer son plan : « Si on replante des couronnes d'arbres autour des villages, cela permettra de stocker l'eau de pluie et empêchera la terre de se dessécher. Des arbres

fruitiers apporteront du bois aux villageois pour cuisiner ou se chauffer, et un peu de nourriture... » Les premières réactions sont décevantes : certaines ronchonnent en disant que c'est le travail du gouvernement, d'autres qu'elles n'y connaissent rien et n'y arriveront pas. Wangari finit par les convaincre en s'exclamant : « Vous n'avez tout de même pas besoin d'un diplôme pour planter un arbre ! » Sous ses conseils avisés, les femmes vont se transformer en pépiniéristes. Elles commencent par ramasser des graines dans les forêts, et les plantent dans des boîtes de conserve. Puis elles apprennent à s'occuper des plants, organisent leur transport, les replantent. En échange de leur travail, le Conseil leur donne un petit salaire qui leur permet de ne plus dépendre complètement de leurs maris. Et petit à petit on voit, un peu partout dans le pays, de larges cercles de végétation apparaître autour des villages : les campagnes commencent à reverdir...

Comme Wangari ne cesse de le répéter : « C'est avec de petites choses que l'on fera la différence. Ma petite chose à moi, c'est de planter des arbres. » En vérité, elle ne plante pas seulement des arbres, elle plante aussi des idées. Elle profite des réunions de travail pour encourager les villageois à s'inscrire sur les listes électorales pour qu'ils puissent voter aux prochaines élections. Elle organise des débats pour parler des droits de l'homme et de l'égalité entre hommes et femmes. Elle aide les citoyens de son pays à comprendre qu'ils ne sont pas condamnés à avoir un gouvernement corrompu. Wangari paiera son opposition au gouvernement en allant plusieurs fois en prison, mais elle finira par se présenter pour devenir députée avec un slogan qui lui ressemble : « lève-toi et marche », et elle sera élue avec quatre-vingt-dix-huit pour cent des voix ! Son mouvement, appelé la Ceinture Verte, plantera plus de cinquante millions d'arbres et sera imité dans beaucoup d'autres pays d'Afrique... Et un jour, elle, l'ancienne petite fille de fermiers pauvres, qui doit à la volonté de sa mère d'avoir pu intégrer une école primaire (ce qui était très rare pour une fille), va recevoir le très prestigieux prix Nobel de la paix !

À la fin de sa vie, cohérente jusqu'au bout, Wangari refusera que l'on sacrifie un arbre pour elle et sera enterrée dans un cercueil de bambou et de fibre de fleurs.

— **GRANDE-BRETAGNE / TANZANIE** Née le 3 avril 1934 —

JANE GOODALL

« Nous partageons tous le même monde, protéger les chimpanzés, préserver l'environnement, c'est améliorer la vie des êtres humains. »

Toute petite, déjà, Jane adore observer les animaux. Elle peut passer des journées entières cachée au fond du jardin ou perchée en haut d'un arbre, pour essayer de comprendre leurs habitudes ou imiter leurs cris. Une fois, elle a même disparu si longtemps que ses parents étaient fous d'inquiétude ! Mais, alors que sa mère s'apprêtait à prévenir la police, Jane a déboulé en courant, un sourire jusqu'aux oreilles. Elle venait de faire une découverte extraordinaire... La veille, alors qu'elle avait observé une poule sous toutes les coutures, impossible de trouver le petit trou par où sortent les œufs ! Alors, un peu avant l'aube, elle s'est cachée pour suivre la poule toute la journée. Et elle a enfin percé ce mystère captivant : elle a vu un œuf tout neuf sortir de... son derrière !

Quand elle n'est pas dans les arbres ou à l'école, Jane lit beaucoup. Que des livres qui parlent d'animaux : *Le Livre de la jungle*, *Les Aventures du Dr Dolittle*, un vétérinaire qui parle avec les animaux, et surtout *Tarzan*. Plus le temps passe, plus les grands animaux sauvages la fascinent. Elle rêve de découvrir l'Afrique mais sa famille n'a pas assez d'argent pour lui permettre de voyager. C'est grâce à une de ses amies d'enfance que la chance va enfin lui sourire : elle l'invite à passer les vacances dans la ferme de ses parents au Kenya ! Jane travaille pendant un an comme serveuse pour se payer le voyage. Dès qu'elle pose le pied au Kenya, elle a l'étrange sensation de se sentir chez elle. Peu de temps après son arrivée, elle fait la connaissance d'un couple de chercheurs, Louis et Mary Leakey. Ils étudient les grands singes afin de mieux comprendre les origines de l'Homme. Très vite, Louis est épaté par toutes les connaissances de Jane sur les animaux sauvages. Il sent qu'elle n'a pas appris à l'université, comme la plupart des chercheurs qu'il connaît, et ça lui plaît. Elle a un regard neuf et original sur les choses. Il lui propose donc une mission : aller en Tanzanie pour y observer des tribus de chimpanzés, une espèce dont le monde ne sait encore pas grand-chose. Jane est sur un nuage ! Et la voilà installée dans un petit camp de fortune en pleine jungle, au milieu de l'immense parc de Gombe. Chaque matin, elle se lève à cinq heures trente pour grimper sur un petit sommet, point de vue idéal pour observer les grands singes qui vivent en contrebas. À peine sortie du camp, elle retire ses vêtements, pour être plus à l'aise, et ne les remet que le soir, quand elle rentre pour noter ses observations. Les débuts sont difficiles, Jane doit se montrer patiente. Dès que les chimpanzés l'aperçoivent, ils s'enfuient, ou se mettent à crier pour la faire fuir et se montrent agressifs. Jane ne peut pas les approcher à moins de cinq cents mètres, mais elle ne baisse pas les bras pour autant. Elle continue de se poster au même endroit, à distance raisonnable, et fait mine de les ignorer. Petit à petit, Jane apprend à se comporter comme eux. Elle s'applique à sourire de toutes ses dents, à pousser quelques cris et, progressivement, les singes s'habituent à la présence de ce curieux singe blanc. Après plus d'un an et demi à voir tous les singes détaler, elle constate que l'un d'eux, un vieux chimpanzé avec une barbichette grise, fait comme s'il ne l'avait pas vue. Il se laisse approcher et même bientôt toucher ! Jane lui donne un nom : David Greybeard (Barbe grise). Grâce à lui, le reste de la communauté va peu à peu accepter Jane. Pour faire connaissance avec chacun, elle a l'idée de mettre en place un petit rituel qu'elle appelle le « Banana Club ». Tous les matins, toujours à la même heure, elle fait le tour de la tribu et, doucement, elle tend une banane à l'un, puis à l'autre. Un peu inquiets au début, les singes semblent prendre goût au rituel, qui devient vite un rendez-vous. Ça y est, Jane peut leur chercher des poux comme si elle était l'une des leurs, déjeuner avec eux de bananes et d'insectes, ce qui lui permet de les observer de près.

Pendant plus de trente ans Jane partage leur vie. Et les découvertes qu'elle fait révolutionnent l'idée qu'on se faisait des animaux. Non, les hommes ne sont pas les seuls à savoir fabriquer des outils ! Les chimpanzés en utilisent aussi pour se nourrir. Non, les hommes ne sont pas les seuls à éprouver des sentiments, les chimpanzés ont des liens familiaux très forts, ils ressentent toutes sortes d'émotions et ont chacun leur caractère. Alors, quand elle apprend que les hommes chassent les chimpanzés pour leur viande et détruisent la forêt où ils vivent, elle est horrifiée. Elle se résout à quitter sa jungle et, pour les défendre, elle commence à voyager dans le monde entier. Pour sa première conférence, elle se retrouve devant cinq mille personnes, complètement terrorisée. Au début, les mots restent bloqués dans sa gorge, mais quand elle parvient enfin à parler, elle se révèle passionnante. Désormais, elle voyage trois cents jours par an pour partager ce que son expérience lui a appris : nous ne sommes qu'une seule famille, celle des vivants sur terre, et nous devons tous nous respecter. Et, grâce à son institut, le Jane Goodall Institute, elle encourage chacun à s'impliquer dans des projets visant à prendre soin des animaux, des hommes et de l'environnement. Elle réunit aujourd'hui plus de sept cent mille jeunes dans plus de cent pays. Et partout où elle va, elle fait salle comble, accueillant les foules à la façon de ses amis, avec un long cri de chimpanzé !

— **MALI / FRANCE** Né le 1er janvier 1996 —

MAMADOU GASSAMA

« Je n'ai pas pensé au risque, j'ai juste pensé à l'enfant… »

Cet après-midi-là, Mamadou s'apprête à rejoindre des copains pour regarder un match de foot. Ses moments de détente sont rares, alors il les savoure. Il n'en revient toujours pas d'être ici. Souvent il a des flashs de ce qu'il a dû vivre pour arriver en France. Ce voyage interminable, les quatre pays qu'il a dû traverser, et la mer déchaînée… Plusieurs fois, il a bien cru y rester. À dix-sept ans, quand il a décidé de rejoindre ses frères aînés en France, pour essayer de « voir le bonheur » lui aussi, il n'a pas osé leur en parler. Il savait qu'ils auraient trop peur pour lui et qu'ils feraient tout pour le dissuader. Mais il a réussi, il est arrivé ! Et pour le moment, il ne s'est pas trop mal débrouillé. La loi lui interdit de travailler car il n'a pas de papiers, mais il s'arrange pour travailler en secret douze heures par jour sur un chantier. De quoi se payer un coin de chambre dans un foyer, histoire de ne pas dormir dehors. Bien sûr, ce n'est pas le bonheur espéré mais qui aurait dit, il y a encore quelques années, qu'à vingt-deux ans il se retrouverait à marcher tranquillement dans les rues de Paris ? Mamadou en est à peu près là de ses pensées quand, au détour d'une rue, il aperçoit un attroupement au pied d'un immeuble. Des voitures klaxonnent, des gens hurlent en regardant en l'air. Il lève la tête et aperçoit, au quatrième étage, un petit garçon agrippé à la rambarde d'un balcon. Il ne se tient plus que d'une main, les pieds dans le vide… Mamadou ne se pose aucune question, il traverse la rue en courant, attrape la porte de l'immeuble, grimpe dessus pour s'accrocher au balcon du premier étage, se hisse à la force de ses bras puis, en équilibre debout sur le rebord du balcon, s'accroche à celui du deuxième étage qu'il escalade, et ainsi de suite jusqu'au quatrième… En bas, un silence de plomb a remplacé les hurlements.

Et tout à coup, c'est une explosion de cris, de joie, de bravos ! Mamadou vient de bondir sur le quatrième balcon et, d'un geste vif, il a empoigné l'enfant pour le serrer contre lui. Il a mis quarante-cinq secondes pour le rejoindre. Haletant, il murmure « Dieu merci, je l'ai sauvé ! » et réalise enfin ce qu'il vient de faire. Il s'appuie sur la balustrade, il tremble de la tête aux pieds.

— **SERBIE** Né le 22 mai 1987 —

NOVAK DJOKOVIC

« J'ai gagné assez d'argent pour nourrir toute la Serbie. »

Novak Djokovic est considéré comme l'un des meilleurs joueurs de tennis de l'histoire. Une vraie légende vivante. Pourtant, le tennis est entré dans sa vie complètement par hasard. Son père est un très bon skieur, la famille de sa mère plutôt branchée volley-ball, mais personne n'a jamais tenu dans ses mains une raquette ! Nole, comme on l'appelle, a cinq ans quand un grand chantier démarre devant le restaurant de ses parents… Il observe l'avancée des travaux et, fasciné, voit apparaître quatre courts de tennis tout neufs. Bien décidé à en profiter, il demande à ses parents de l'inscrire à des cours. Le premier jour, il est si impatient de commencer qu'il arrive une demi-heure en avance. Sa professeure, Jelena Gencic, se souvient encore de l'arrivée de ce petit bonhomme, avec son grand sac de tennis à l'épaule. À l'intérieur : une raquette, une serviette, une bouteille d'eau, une banane, des bracelets… tout le nécessaire pour un vrai match de pro ! Amusée, elle lui demande si c'est sa mère qui a préparé son sac. Non, il l'a fait tout seul. Déjà perfectionniste, il a regardé comment font les champions à la télévision. Très vite, Jelena, qui a déjà découvert et formé plusieurs champions, voit ses qualités exceptionnelles et le prend sous son aile. Son entraînement est intensif, Nole ne quitte plus les courts, il a trouvé sa voie.

Mais lorsqu'il a douze ans, la guerre éclate dans son pays. L'ancienne Yougoslavie, jusqu'alors composée de plusieurs peuples avec chacun son histoire et sa religion, explose. Chaque peuple veut son indépendance : les Slovènes, les Croates et les Serbes, le peuple de Nole. Le conflit devient tellement violent que pour tenter d'y mettre fin, l'OTAN, une sorte de grande armée formée par plusieurs pays dont les États-Unis, la France et la Grande-Bretagne, bombarde Belgrade, la ville de Nole, pendant des mois. Il se souvient encore de ses réveils en sursaut, la nuit, au bruit assourdissant des bombes. Il guettait les réactions sur le visage de sa mère, pour tenter de se rassurer. Sortir n'était pas sans risque mais, plutôt que de rester calfeutré au sous-sol, Nole préférait passer ses journées à s'entraîner sur le court. « C'est le tennis qui l'a sauvé, reconnaît sa mère, il l'a aidé à ne pas laisser trop de place à la peur. »

Quelques années plus tard, Novak Djokovic commence à se faire un nom dans les compétitions junior à travers l'Europe. Mais « quand j'expliquais que j'étais serbe, raconte-t-il, j'avais toujours l'impression que les gens reculaient d'un pas ». Les sponsors ne veulent pas d'un joueur serbe. Ça leur rappelle trop les atrocités commises pendant la guerre sous l'ancien président serbe, accusé de crimes contre l'humanité. Novak redouble d'efforts et ses prouesses sur le terrain font peu à peu changer d'avis les sponsors. Bientôt, il devient numéro un mondial, puis le joueur de tennis le mieux payé de l'Histoire. Fier de ses racines et bien décidé à tordre le cou aux clichés, il tient enfin une occasion de changer le regard que l'on porte sur son pays. Il veut être irréprochable, et il l'est. Simple, généreux, drôle et bien sûr extrêmement talentueux. Les Serbes, qui ne pouvaient rêver meilleur ambassadeur, lui vouent un tel culte qu'il ne peut plus jouer en Serbie sans déchaîner les foules. « C'est un comble, il est tellement populaire qu'il ne peut plus s'entraîner ici, il y a automatiquement vingt personnes sur le terrain... une simple visite à ses parents devient un parcours du combattant ! » s'amuse son entraîneur.

Novak vit donc à l'étranger, mais il est très touché par cet amour que ne cessent de lui témoigner ses compatriotes. En retour, il voudrait faire quelque chose pour eux, car leur situation est encore très difficile. Beaucoup ont fui et ceux qui sont restés vivent pauvrement. Il commence par créer une fondation pour aider les enfants défavorisés, puis, quand une énorme inondation ravage le pays en 2014, il n'hésite pas à envoyer tout l'argent qu'il vient de gagner en remportant les Masters de Rome pour soutenir les sinistrés. Mais si sa force, comme il le dit souvent, il la puise dans le soutien de son pays, il est convaincu d'avoir un autre secret : son alimentation. Pas de gluten, de viande, ni de laitages. Il est ce qu'on appelle vegan et c'est à cette alimentation qu'il attribue le secret de sa réussite et de sa santé. Dès lors, permettre aux personnes dans le besoin de bien manger est pour lui une priorité. C'est pourquoi, dans le restaurant qu'il a créé à Belgrade, tous ceux qui n'ont pas les moyens de se nourrir correctement peuvent venir se mêler aux clients et manger gratuitement.

— **ITALIE** 31 août 1870 • 6 mai 1952 —

MARIA MONTESSORI

« Libérez le potentiel de l'enfant et vous transformerez le monde avec lui. »

Maria est si heureuse qu'elle a l'impression que son cœur va éclater ! Ça y est, à vingt-six ans, la voilà enfin devenue médecin psychiatre. Seule femme dans un univers d'hommes, elle a dû travailler deux fois plus et supporter bien des moqueries, mais elle a réussi !

Pleine d'espoir pour ses futurs patients, elle choisit de travailler avec des malades mentaux dans une clinique psychiatrique. Mais voilà qu'elle découvre que les malheureux sont parqués dans une pièce, où ils sont laissés à l'abandon toute la journée. En voyant des enfants, au milieu des adultes, le corps saturé de médicaments et sans la moindre activité pour s'occuper, elle est consternée. « Moi aussi je deviendrais folle dans un environnement pareil ! » se dit-elle. Elle décide de séparer les enfants des adultes et commence à leur apporter des jouets et toutes sortes d'objets à toucher et à manipuler. Assez vite, le comportement des enfants change, ils s'intéressent à ce qui les entoure. « J'en étais sûre, ces enfants ont besoin d'attention, pas de médicaments ! » jubile Maria. Elle passe tout son temps avec ses petits patients et, en les observant, elle remarque que, lorsqu'elle leur explique une chose, même simple, ils n'arrivent pas à se concentrer. Alors, elle décide de procéder autrement. Au lieu d'expliquer comment faire un nœud avec ses lacets par exemple, elle le leur montre, puis elle les laisse essayer tout seuls aussi longtemps qu'ils le souhaitent. Elle s'aperçoit alors qu'en faisant à leur rythme, ils finissent par y arriver, et en plus ils semblent y prendre plaisir ! À travers ses nombreuses lectures, elle découvre le travail d'un médecin français, Édouard Seguin, qui, en s'appuyant sur les mêmes observations qu'elle, a développé tout un matériel pour apprendre à lire, écrire et compter à des enfants attardés, comme on les considérait alors. Elle décide aussitôt de s'en inspirer et, bientôt, les progrès des enfants sont évidents. Maria se sent pousser des ailes, elle partage ses découvertes avec d'autres psychiatres, avec des instituteurs, multiplie les conférences à travers tout le pays…

C'est alors que le gouvernement italien lui propose la direction d'une école un peu particulière, pour accueillir tous les enfants jugés «irrécupérables» par l'école classique. Certains sont handicapés, d'autres sont jugés idiots ou violents... Maria n'hésite pas à y faire entrer ses petits patients de la clinique. Chaque jour, de huit heures du matin à sept heures du soir, elle et l'équipe d'enseignantes qu'elle a formée apprennent à lire et à écrire à ces enfants. Au bout de quelques semaines, la classe est méconnaissable : plus de hurlements ni de coups, les enfants qui étaient les plus turbulents se plongent désormais avec calme et plaisir dans les activités. Et au bout de deux ans, au grand étonnement de tous les spécialistes, les enfants savent lire, écrire et compter ! Maria décide donc tout naturellement de leur faire passer le certificat d'études. À nouveau, les moqueries fusent : «Enfin, Maria, voyons, c'est un examen sérieux ! » Mais les sceptiques en resteront bouche bée : tous les élèves de Maria réussissent, et certains mieux que les enfants dits «normaux» !

Quand les instituteurs la félicitent pour ses résultats, Maria ne mâche pas ses mots : ce qui lui semble incroyable, à elle, c'est que leurs élèves à eux n'aient pas fait mieux ! C'est bien le signe que quelque chose cloche dans la façon d'enseigner, que quelque chose empêche les enfants de révéler leur potentiel... Elle décide alors d'adapter sa méthode aux enfants en bonne santé. Dans un quartier pauvre de Rome, elle crée la première «Maison des Enfants», une sorte de maison-école où les parents sont toujours les bienvenus. Le maire la prévient : «Vous verrez, ces petits sauvageons ne savent pas se tenir, ils volent et cassent tout dans le quartier ! » Maria l'écoute poliment mais elle est convaincue, elle, qu'un enfant turbulent est avant tout un enfant malheureux, et c'est à ce mal-être qu'elle veut s'attaquer. Elle fait construire des petites chaises, des tables à la taille des enfants, apporte plein de jouets et du matériel de toute sorte... Tout est pensé pour qu'ils se sentent à l'aise et aient plaisir à apprendre. Puis elle explique à ses institutrices qu'ici, on ne corrige pas, on ne félicite pas non plus, l'enfant doit se sentir libre d'explorer à son rythme, de se tromper et de se corriger lui-même. Et les petits sauvageons se transforment vite en élèves calmes et concentrés ! Elle vient de poser les bases de la pédagogie qui la rendra célèbre dans le monde entier.

Les découvertes de Maria ont permis de mieux comprendre les besoins des enfants et sont toujours une source d'inspiration pour de nombreux enseignants. Plus de trente-cinq mille écoles à travers le monde suivent ses principes et, grâce à elle, des centaines de milliers d'enfants ont pu gagner en confiance en eux et en soif d'apprendre.

ARTHUR BERTHAULT

« Derrière un SDF, il y a toujours une personne. »

Voilà enfin le jour tant attendu ! Arthur, la vingtaine et une belle tignasse rousse, contemple une montagne de cadeaux. Il est si heureux qu'il se demande si ce n'est pas son plus beau Noël. Pourtant, aucun de ces cadeaux n'est pour lui et, cette année, il ne rentrera pas fêter Noël avec sa famille, il a bien trop de travail ici, à Lille… Non, si ces cadeaux le mettent tellement en joie, c'est parce qu'ils sont la réponse des Lillois à une petite idée qu'il a lancée sur internet il y a trois semaines.

Cette idée, c'est à Étienne qu'il la doit. Qui est Étienne ? Il était bien parti pour ne jamais le savoir… Tous les matins en allant à ses cours, Arthur passait devant un sans-abri. Tous les matins, il entendait « Bonjour ! » mais, gêné, ne sachant comment réagir, il pressait le pas sans répondre. Jusqu'au jour où il s'est arrêté. Il a appris qu'il s'appelait Étienne. Et de fil en aiguille, ils ont fait connaissance. Arthur était à mille lieues d'imaginer l'homme sensible et chaleureux qui se cachait derrière le manteau crasseux et, depuis, il n'a plus qu'une envie : inviter tous les habitants de sa ville à faire comme lui.

À l'approche de Noël, une idée lui vient. Et si tous ceux qui le souhaitent pouvaient apporter quelque chose à un sans-abri ? Ce serait une bonne manière de briser la glace et de dissiper cette gêne qu'il a lui-même éprouvée ! Dès le lendemain, Arthur se renseigne auprès d'associations pour savoir combien de sans-abris vivent dans sa ville et ce qu'il apprend lui fait froid dans le dos. Plus de trois mille personnes ! Il doute de parvenir à rassembler autant de cadeaux mais, avec quelques copains, il crée une page Facebook qu'il appelle : « Un Cado Pour Un Charclo ». Une manière un peu provocante d'exprimer en accéléré le chemin qu'il a parcouru. Car charclo, ça veut dire clochard en verlan, c'est un mot un peu méprisant qu'il a pu employer sans même y faire attention. La formule marche, les gens jouent le jeu. Quand Noël arrive enfin, Arthur et les bénévoles n'en reviennent pas : avec les vingt mille dons qu'ils ont reçus, ils ont réussi à acheter un cadeau pour chacun ! Des chocolats, des mini-radios, des lampes torches, des sacs de couchage… et c'est surtout, dans toutes les rues de Lille, l'occasion de rencontres chaleureuses qui font voler en éclats bien des préjugés !

— **FRANCE** Né le 29 mai 1938 —

PIERRE RABHI

« C'est par de petites actions que l'on amorce de grands changements. »

Enfant, Pierre était heureux. Il vivait dans une oasis dans le sud de l'Algérie. Dans cette île de verdure perdue au milieu du désert, quand la pluie venait à tomber tous les habitants dansaient dans la rue pour la remercier de féconder la terre qui allait les nourrir. La vie était réduite à l'essentiel, mais Pierre ne manquait de rien.

Des années plus tard, devenu adulte et émigré en France, Pierre est ouvrier dans une usine. Il passe ses journées à trier des pièces de tracteur à une cadence infernale. Quand il s'engouffre le soir dans le métro pour rentrer chez lui, il voit partout des affiches vantant les mérites de voitures, de vêtements et d'une multitude d'objets qui lui semblent inutiles. Petit à petit, Pierre se sent devenir de plus en plus triste. Ainsi, la vie se résumerait à s'abrutir de travail pour produire plus et à utiliser l'argent qu'on a gagné pour s'encombrer d'objets dont on n'a pas besoin ? Heureusement, quand il rencontre Michèle, sa future femme, il ose à nouveau rêver. Ensemble, ils aspirent à une vie simple, une vie où prendre soin d'un petit coin de terre suffirait à leurs besoins. Ils appellent cette façon de vivre « la sobriété heureuse ». Les voilà en Ardèche, une région abandonnée de France. Pierre loue ses bras dans une ferme pour apprendre le métier de paysan. Mais quand il voit les agriculteurs porter des masques pour se protéger des produits dangereux dont ils gavent la terre, à nouveau, son rêve s'éloigne… Pourquoi s'empoisonnent-ils en empoisonnant la terre ? Encore pour produire plus ? Pierre n'y connaît rien mais il est convaincu que la terre peut nourrir tous les hommes si on prend soin d'elle. Quand il annonce qu'il veut se passer de tout produit chimique, engrais et pesticide, tout le monde se moque de lui. Ah, elles vont être belles ses récoltes !

Il se met à la recherche d'une ferme et tombe en amour devant un grand terrain, riche surtout de cailloux, mais qui domine un paysage magnifique. Il achète quelques chèvres et il se lance. Ce n'est pas le travail qui manque, mais la joie est de nouveau là. Le jour, il enlève un à un les cailloux. Le soir, il lit tous les livres qu'il

trouve sur le cycle de la nature. Il découvre à quel point tout est lié : les microbes et les insectes nourrissent la terre, qui nourrit les plantes, qui nourrissent les animaux, qui nourrissent en retour la terre avec leurs crottes pleines de minéraux... Pierre décide de reproduire ce processus pour rendre sa terre fertile. Il commence par récupérer la paille sur laquelle ses chèvres font leurs crottes, la mélange avec des branches et les épluchures de leurs repas. Ainsi, il fabrique son premier compost, qui se transforme en quelques mois en un riche terreau. Remarquant que les vers aèrent la terre en creusant des galeries, il ne la retourne pas trop pour les laisser bien travailler. Et d'année en année, ses récoltes deviennent de plus en plus abondantes, nécessitent de moins en moins d'eau, et son terrain sec et dur se transforme progressivement en une oasis d'arbres fruitiers et de plantations savoureuses.

Peu à peu, devant ses résultats incroyables, ses voisins commencent à s'intéresser à son travail, et des gens viennent de régions de plus en plus éloignées pour le voir. Un jour, parmi ses visiteurs se trouve un homme qui vient d'Afrique. Il s'appelle Saïbou et cherche des solutions pour aider son peuple car dans son pays, le Burkina Faso, beaucoup de paysans se sont ruinés en achat de pesticides et d'engrais, et la terre s'est tellement appauvrie que les gens meurent de faim. Il voudrait que Pierre vienne partager son expérience. Dès que l'hiver arrive et que sa ferme entre en sommeil, Pierre part pour le Burkina Faso où il passera tous ses hivers pendant plusieurs années. Peu à peu, les paysans qui suivent ses conseils obtiennent eux aussi des récoltes abondantes. Et les principes de l'agro-écologie de Pierre commencent à circuler de bouche à oreille jusqu'aux pays voisins. Des régions entières du Sénégal, du Togo, du Mali et du Niger changent leurs pratiques, permettant à de nombreuses familles de manger mieux.

Bien sûr, il reste beaucoup à faire pour lutter contre la faim dans le monde, et de nombreux pays continuent d'utiliser des produits chimiques qui empoisonnent la terre et les hommes. Mais plutôt que de se laisser envahir par le découragement, Pierre préfère raconter cette histoire : « Un jour, un incendie ravage la forêt où vivent de nombreux animaux. Tous regardent les flammes manger les arbres, en se lamentant. Seul un minuscule oiseau, un petit colibri, ne reste pas les ailes croisées. Il va prendre quelques gouttes d'eau dans son bec et à peine les a-t-il relâchées sur les flammes qu'il repart chercher de l'eau pour éteindre le feu. Un vieux tatou se moque de lui : "Tu crois peut-être qu'avec tes trois gouttes tu vas changer quelque chose ?" Sans interrompre ses allées-venues, le colibri répond : "Je fais ma part". » Pierre fait sa part et, il en est convaincu, le monde changera si chacun fait la sienne, à son échelle, à sa mesure.

— **ÉTATS-UNIS** 17 février 1881 • 16 mai 1965 —

MARY BRECKINRIDGE

« Je ne me souviens pas de tous ceux que j'ai secourus, mais je ne me souviens pas non plus avoir rebroussé chemin ! »

« La voilà ! » On distingue à peine la silhouette de Mary, au loin sur son cheval, que tout le village est déjà en train de s'agiter. Les mamans attrapent leur bébé, appellent les aînés, et tout ce petit monde piaille pour l'accueillir. Mary n'a pas le temps de poser un pied par terre ni d'attacher son cheval, son fidèle Teddy Bear, que tous les bambins du village sont déjà autour d'elle. Elle salue tout le monde, prend des nouvelles : « Bonjour Elliott, tu as l'air bien remis, ça fait plaisir ! », « Et ton frère, Bill, il a toujours de la fièvre ? » Depuis vingt ans, c'est simple, elle les a tous vus naître et nombreux sont ceux qu'elle a sauvés. Car avant elle, les femmes se débrouillaient toutes seules pour accoucher et soigner leurs enfants. Et beaucoup mouraient. Le Kentucky, cette région de montagnes encore si sauvage qu'aucune route ne la traverse, Mary la connaissait pour y avoir passé ses étés petite, chez une grand-tante qu'elle adorait. Elle rêvait de retourner y vivre. Mais aux yeux de ses parents, vivre à cheval, en bottes et en pantalon, ce n'était pas pour « une fille comme il faut ». Mary avait rêvé aussi de faire des études de médecine, mais la réaction de sa mère avait été sans appel : « Pas question, sinon, tu ne voudras plus t'occuper de ton chez toi ! Et c'est ta place de femme… » Alors, Mary avait rangé ses rêves d'aventure et elle s'était sagement mariée. Puis, son fils Breckie, son rayon de soleil, est né. Le regarder vivre suffisait à son bonheur. « Quand on sait ce que c'est d'aimer un enfant, on ne peut pas supporter que certains n'aient pas la santé qu'ils méritent », dira-t-elle souvent par la suite. Car Mary ne sait pas seulement ce que c'est d'aimer un enfant, elle connaît aussi l'indicible douleur de le perdre. Breckie est mort juste avant de fêter ses cinq ans. Ce chagrin, elle s'est juré de faire tout ce qui est en son pouvoir pour que d'autres ne le connaissent pas.

À bientôt quarante ans, elle reprend donc le chemin de l'école. Elle veut apprendre à soigner les enfants et à accoucher les femmes, mais aucune formation de sage-femme n'existe aux États-Unis. Elle part donc là où la formation est la plus sérieuse, en Angleterre. À son retour, elle choisit de s'installer à Wendover dans le Kentucky, dans les montagnes sauvages de son enfance. Toute seule avec son cheval, elle sillonne la région à la rencontre de ses patients. Mais devant l'ampleur de la tâche, elle écrit à des sages-femmes qu'elle a rencontrées pendant ses études et leur propose de venir la rejoindre, à quelque six mille quatre cents kilomètres de chez elles, au milieu de nulle part. Et contre toute attente, elles seront nombreuses à venir tenter l'aventure.

Tout de suite, Mary leur annonce la couleur : « On ne refuse notre aide à personne, quels que soient le temps qu'il fait ou la distance à parcourir ! » Alors, de jour comme de nuit, elles sautent sur leur cheval, bravent le froid, la neige ou la pluie et galopent pendant des heures, parfois des journées pour rejoindre leurs patients. Un jour, Mary s'est retrouvée perdue sous la neige à la nuit tombée et a bien cru y rester. Une autre fois, sous un déluge d'eau, elle a dû improviser en demandant à un voisin de lui bricoler un radeau pour rapatrier une future maman qui avait besoin de soins urgents. C'est un travail risqué mais Mary n'a pas froid aux yeux, et ses camarades non plus. Très vite, Mary et sa bande de « sages-femmes cow-boys » sont connues comme le loup blanc dans la région. Pour accueillir tout le monde, Mary a fait construire une grande cabane en rondins, avec une immense cheminée pour que les filles puissent se réchauffer au coin du feu entre deux visites. Il y a toujours un plat sur le feu, histoire que personne ne reparte le ventre vide, et un grand sofa, prêt à accueillir un visiteur pour la nuit. Un bébé risque de contaminer ses frères et sœurs ? Hop, Mary propose de le garder quelques semaines sous surveillance pour éviter une épidémie. Un petit garçon a besoin de soins quotidiens et habite trop loin ? « On n'a qu'à le soigner ici, dès qu'il sera rétabli, on vous le ramènera ! » La grande maison ne désemplit pas. À tel point que Mary est souvent obligée de laisser sa chambre et d'aller dormir dans une tente !

Pendant quarante ans, plus de quinze mille bébés naîtront entre les mains aguerries de Mary et de ses amazones. Si vous rencontrez un de ces enfants un jour, il vous racontera sûrement, les yeux encore brillants, les incroyables Noël qu'elle organisait à Wendover, où dehors, sous le grand arbre, tous les enfants du comté pouvaient choisir leur cadeau parmi les milliers de petits camions, d'harmonicas ou de poupées qu'elle avait réussi à collecter pour eux... Car Mary ne voulait pas seulement les voir en bonne santé, elle voulait qu'ils soient heureux.

— **PAYS-BAS** Depuis 2009 —

MARTINE POSTMA

« Au Repair Café, on répare, on rencontre de nouvelles personnes, on trouve une solution à un problème ensemble et on s'amuse ! »

Martine est journaliste. Depuis des années, elle écrit sur un sujet qui lui tient à cœur : comment changer nos habitudes pour apprendre à vivre sans abîmer la planète. Mais à l'arrivée de son deuxième enfant, soudain, elle réalise qu'écrire ne lui suffit plus. Elle veut apporter sa contribution, même modeste, au monde de demain qui sera celui de ses enfants. Chaque jour, en se promenant dans les rues d'Amsterdam, elle est choquée par les poubelles remplies de lampes au pied cassé, de grille-pains abîmés… Tout ce gâchis lui fait mal au cœur, car pour remplacer ces objets cassés, on rachète des objets neufs dont la fabrication en grande quantité participe à la destruction de la planète…

En visitant une exposition consacrée à la réparation, Martine comprend que si l'on jette tant de choses, c'est souvent qu'on n'a pas le temps de les réparer, ou qu'on ne sait pas comment faire. Elle a un déclic : et si elle inventait un lieu, un peu comme un café, où chacun pourrait apporter ses objets cassés et profiter de l'habileté de ceux qui savent réparer ? Aussitôt, elle se met en quête de quelques as de la bricole : des passionnés de mécanique, des personnes âgées qui ont du temps et n'aiment pas jeter… Et elle a la bonne surprise de constater que tous ceux qu'elle rencontre sont partants ! Reste à trouver des outils, un lieu…

Le 18 octobre 2009, enfin tout est prêt. Dans le foyer qu'un théâtre lui a prêté, Martine s'inquiète tout à coup : et si personne ne venait ? Mais bientôt les gens se pressent avec des sacs remplis d'objets, demandant timidement si le Repair Café, c'est bien ici. Martine peut être rassurée : toute la journée, les gens font la queue devant le stand du réparateur d'appareils électriques, la star du jour, qui redonne vie, avec un plaisir non dissimulé, aux consoles de jeux vidéo, radios, brosses à dents électriques… Devant le succès de son initiative, Martine décide de renouveler l'expérience régulièrement, et d'aider d'autres personnes à créer leur propre « Repair Café ». Aujourd'hui, plus de deux mille Repair Cafés ont fleuri un peu partout dans le monde, et grâce au petit manuel de Martine, plus de trois cent trente-sept mille objets trouvent une seconde vie chaque année !

— **ITALIE** 26 juin 1785 • 19 janvier 1864 —

JULIETTE COLBERT DE BAROLO

« Et si nous allions vers les exclus comme vers des amis ? »

Juliette est une jeune marquise qui vit dans le marbre et les dorures de son palais à Turin. Comme la plupart de ses amis fortunés, elle passe une partie de ses journées à aider les pauvres, et ses soirées à recevoir tout le gratin de la ville dans ses salons. On sirote du vermouth dans des verres en cristal, on papote auteurs à la mode et on se félicite du raffinement des dernières robes. Comme beaucoup, Juliette aurait pu ne jamais sortir de son cocon doré…

Mais, un jour, alors qu'elle assiste à une fête religieuse dans la rue, elle entend quelqu'un hurler derrière elle : « C'est pas de vos prières que j'ai besoin, c'est de soupe ! ! » Juliette se retourne, surprise. Elle cherche et aperçoit les grilles d'une prison. Aussitôt, elle attrape les pans de sa robe, fait signe à son domestique de la suivre, et trotte en direction de la prison. Là, dans l'obscurité d'un grand cachot, ce qu'elle découvre la bouleverse : des femmes, noires de crasse et à demi nues sous leurs haillons. Juliette n'a pas le temps de sortir sa bourse qu'elles se jettent sur elle en hurlant. La bourse lui tombe des mains et l'argent se répand sur le sol. Toutes les femmes se retrouvent à plat ventre, se battant comme des bêtes sauvages pour attraper le plus de pièces possible. Le cœur de Juliette bat à tout rompre. Elle a eu chaud ! Mais plus que la peur, c'est une immense tristesse qui l'envahit. Elle était à mille lieues d'imaginer qu'une telle misère puisse exister.

De retour dans son palais, elle en parle à son mari et à ses amis, et leur explique qu'elle veut y retourner. Tout le monde s'affole… « En prison, avec ces sauvages ? ! Tu n'es pas sérieuse ? C'est dangereux ! Et quel message envoies-tu aux pauvres qui sont honnêtes, si tu te mets à aider ces canailles ? » Bon, si personne n'est d'accord, Juliette ira en secret. Chaque jour, elle quitte son luxueux palais et la lumière chaude de l'après-midi, pour s'enfermer avec les prisonnières dans leur sordide cachot. Au début, croyant bien faire, elle apporte surtout de l'argent pour leur permettre de s'habiller et de se nourrir. Mais la plupart des prisonnières dépensent tout l'argent en alcool. Les plus coriaces la bousculent ou l'insultent, mais

Juliette tient bon et bataille au contraire avec les geôliers pour pouvoir passer plus de temps avec elles. D'une heure, elle finit par négocier l'après-midi, et y passe vite tous ses après-midis. Assise par terre sur la paille, elle observe, elle écoute, elle cherche à comprendre. C'est un monde totalement inconnu qui s'ouvre à elle. Juliette découvre qu'elles n'ont absolument aucun moyen de s'occuper. Elle décide donc de leur apprendre à lire, elle sera leur maîtresse d'école. Mais la plupart du temps, les prisonnières sont tellement ivres que rien ne rentre. Juliette s'arrache les cheveux. Elle connaît des ministres, elle va frapper à leur porte et leur parle des ravages de l'alcool dans les prisons. Elle obtient que l'alcool soit interdit. De retour dans la prison, elle passe un sale quart d'heure ! En guise de remerciements, elle reçoit coups de poing et crachats au visage. Les obliger à se passer d'alcool, alors que c'est la seule chose qui leur permet d'oublier leurs malheurs ? De quoi se mêle-t-elle ? Juliette encaisse. Les jours passent, l'ambiance s'apaise un peu et elle peut reprendre ses leçons. Les femmes sont plus attentives, elles progressent. On sent comme un vent de fierté parcourir le cachot. Un calme studieux a remplacé le brouhaha et la violence.

Quand elle n'est pas avec ses protégées, Juliette se démène pour obtenir la libération de certaines. Mais, alors qu'elle annonce, toute fière, à l'une d'elles qu'elle va pouvoir bientôt sortir, au lieu d'exploser de joie, la fille s'effondre en larmes et la supplie de la garder ! La surprise passée, Juliette comprend : après des années d'enfermement, la liberté peut être effrayante. De nouveau, elle passe ses journées à se creuser les méninges pour trouver une solution. En écoutant ses compagnes, elle s'aperçoit qu'elles n'ont pas toutes les mêmes besoins. Certaines doivent juste avoir un toit le temps de trouver un vrai travail. Pour elles, Juliette aménage un refuge, une sorte de pension où elles pourront aller et venir librement. D'autres ont surtout peur de refaire des bêtises. Juliette ouvre pour elles un nouveau lieu, moins contraignant que la prison mais plus strict que le refuge où elles pourront rester, bien encadrées, jusqu'à ce qu'elles se sentent prêtes. D'autres encore ont eu une révélation à son contact. En réponse à leurs questions sur l'origine de cette bonté étonnante dont elle a fait preuve envers elles, Juliette leur a parlé de sa foi en un Dieu qui n'est qu'amour. Depuis, ces femmes rêvent de devenir religieuses quand elles sortiront de prison. Alors pour elles, Juliette crée un couvent et, comme elle commence à s'inquiéter de savoir qui va continuer son travail quand elle sera morte, elle leur confie la mission d'aider les jeunes délinquants à revenir dans le droit chemin pour qu'ils n'aient pas à connaître la prison comme elles.

— **FRANCE** Né le 30 mars 1928 —

ROBERT BADINTER

« Parce qu'aucun homme n'est totalement responsable, parce qu'aucune justice n'est absolument infaillible, la peine de mort est moralement inacceptable. »

Robert Badinter serre les mâchoires en fendant la foule pour pénétrer dans le tribunal de Troyes. Partout, accrochés aux grilles, des gens hurlent : « À mort Buffet ! À mort Bontems ! » Sous les huées le jeune avocat avance, le visage fermé, apparemment impassible. Pourtant, à l'intérieur, il se sent tendu comme un arc, car c'est la première fois qu'il défend quelqu'un qui risque la peine de mort. Il est concentré sur les arguments de sa plaidoirie : Roger Bontems, qu'il a accepté de défendre, n'a pas tué, c'est son complice Claude Buffet qui a donné les coups de couteau qui ont entraîné la mort. Robert est persuadé que la justice ne peut pas condamner à mort quelqu'un qui n'a pas tué. Il fait appel au bon sens des jurés et se lance dans sa plaidoirie avec fougue. Après trois jours de procès, quand le verdict tombe, Robert est sidéré : les deux hommes sont condamnés à la peine capitale. La haine a gagné sur la raison.

Rien n'est perdu tant que Roger Bontems est encore vivant. Quand Robert défend quelqu'un, il le défend jusqu'au bout. Le président de la République a le pouvoir de gracier les condamnés. Robert va essayer de le convaincre, et multiplie les visites en prison pour rassurer Roger Bontems. Mais la rencontre avec le président se passe mal, il se montre très froid, tout de suite Robert comprend qu'il n'ira pas à l'encontre du verdict populaire. Et un soir, il reçoit le coup de fil tant redouté : la grâce a été refusée, il doit se préparer, l'exécution aura lieu le lendemain à quatre heures du matin. Avant le lever du jour, Robert avale une tasse de thé avec Élisabeth, sa femme, et il part. Il assiste au lever du condamné, à sa confession, à sa dernière cigarette et au traditionnel verre de rhum, puis Roger Bontems est tiré jusqu'à la guillotine. Le couperet tombe. Il est mort. De retour chez lui, l'avocat se mure dans le silence, il retrouve sa tasse de thé là où il l'avait laissée mais, pour lui, tout a changé. Pendant des mois, enfermé dans son bureau, il écrit un livre qui s'appellera *L'exécution*, dans lequel il partage sa détestation de ce qu'il appelle « la machine à tuer », qui lui apparaît comme une honte pour la justice qu'il défend. Mais la France n'est pas prête, nombreux sont ceux qui croient encore que la peine de mort décourage les criminels de passer à l'acte. Et quand Robert accepte de défendre un nouveau criminel, Patrick Henry, qui a kidnappé un enfant de huit ans et l'a tué, la haine se déchaîne autour de l'avocat. Des lettres d'insultes s'amoncellent à son domicile, on menace non seulement sa vie et celle de sa femme mais aussi celle de ses enfants. Un soir où Robert et Élisabeth dînent chez des amis, une bombe explose à l'entrée de leur appartement où sont restés leurs trois enfants. Alerté, Robert rentre précipitamment. Judith, Simon et Benjamin, qui se sont réfugiés sur le balcon, sont indemnes. Il les serre dans ses bras et leur explique calmement qu'il va continuer son combat car « on ne cède pas à l'intimidation, jamais ! »

Par un curieux concours de circonstances, le procès de Patrick Henry se déroule dans le même tribunal que celui de Roger Bontems, à Troyes. Robert retrouve les mêmes foules accrochées aux grilles qui réclament en hurlant la tête de Patrick Henry. Défendre l'homme le plus détesté de France est mission impossible. Robert décide que ce procès sera celui de la peine de mort. S'inspirant d'une des dernières lettres de Roger Bontems, qui écrivait : « Guillotiner un homme ce n'est rien d'autre que de le couper vivant en deux morceaux », il s'adresse à chaque juré pour lui demander : « Voulez-vous le couper en deux ? Vous et vous seul en avez le pouvoir ! » Et contre toute attente, l'indéfendable Patrick Henry est condamné non pas à la mort mais à la réclusion criminelle à perpétuité. C'est un pas important, mais la guillotine existe toujours. Ce que veut Robert, c'est la faire disparaître définitivement. Alors quand son ami François Mitterrand se présente aux élections présidentielles, Robert le convainc de mettre l'abolition de la peine de mort dans son programme. C'est très impopulaire car la France est encore majoritairement pour, mais François Mitterrand l'assume et il est élu. Quelques mois plus tard, devenu ministre de la Justice, Robert défend son projet de loi devant l'Assemblée nationale. Le débat est très animé, et quand revient une fois encore l'argument qui voudrait que la peine de mort décourage les criminels, Robert Badinter explose : « Savez-vous que dans la foule qui hurlait à Troyes en 1972 "À mort Buffet, à mort Bontems" il y avait un jeune homme qui s'appelait Patrick Henry ? Croyez-moi, j'étais stupéfait quand je l'ai appris, la peine de mort n'a jamais dissuadé personne ! » Le lendemain, le 18 septembre 1981, l'abolition de la peine de mort en France est votée avec cent dix-sept voix contre et trois cent soixante-trois pour.

— **BALI, INDONÉSIE** Melati : née en 2001 • Isabel : née en 2003 —

MELATI & ISABEL WIJSEN

« Nous avons tous un rôle à jouer, que l'on soit grand ou petit. »

Isabel a dix ans et sa sœur, Melati, douze lorsque, à l'école, elles assistent à un cours qui va transformer leur vie. Le sujet : « Ceux qui changent le monde ». Tout l'après-midi, elles écoutent leur professeur raconter les combats de Nelson Mandela, de Martin Luther King, de Gandhi… En rentrant chez elles, toutes galvanisées, elles se demandent : « Pourquoi devrait-on attendre d'être grandes pour faire quelque chose ? » Sur l'île de Bali où elles vivent, il y a un énorme problème : ce sont les déchets. Il y en a partout qui jonchent les plages, le bord des routes, surtout des sacs plastiques… Les deux sœurs décident de s'attaquer à ce problème. Elles préparent un exposé sur les dangers du plastique. Chaque jour, rien que sur l'île, on distribue près de dix millions de sacs, qui mettent plus de quatre cents ans à se décomposer ! Leur exposé est si clair et si vivant que toute leur classe s'y intéresse. Encouragées, elles vont le refaire dans toutes les classes de l'île. Chaque fois, elles proposent aux élèves de ramasser des déchets avec elles, comme un jeu. Bientôt, elles se retrouvent à la tête d'une grande équipe de jeunes et des dons commencent à affluer pour les soutenir. Grâce à cet argent, elles font imprimer des brochures pour les écoles, fabriquent des milliers de sacs en tissu, organisent de grands rassemblements pour nettoyer les plages. Puis, pour faire interdire les sacs platiques sur l'île, elles lancent une pétition sur internet dans l'espoir de rencontrer le gouverneur. Le lendemain, elles ont déjà six mille signatures, mais le gouverneur refuse de les voir. Un an plus tard, malgré plus de quatre-vingt mille signatures, il refuse toujours. C'est alors qu'une nouvelle idée leur vient. Quand elles en parlent à leurs parents, ils s'affolent : « Une grève de la faim ? ! À votre âge ? Mais vous allez ruiner votre santé ! » Pour les rassurer, elles acceptent un compromis. Elles prendront juste un repas léger le soir. Épaté par leur détermination, cette fois le gouverneur les reçoit, et accepte de faire interdire les sacs en plastique. Elles ont gagné !

Melati et Isabel ont inspiré de nombreux enfants à travers le monde. À tous, elles disent : « Vous verrez, ce n'est pas difficile. À chaque idée folle qu'on a eue, il y a toujours eu quelqu'un pour y croire. »

— **FRANCE / TOGO** Né le 11 juin 1952 —

JEAN-MARC LE BAIL

« J'ai réussi parce que je ne savais pas que c'était impossible. »

Jean-Marc grandit dans une région magnifique de France : les Côtes d'Armor. Entre la mer et la campagne, il ne connaît pas l'ennui. Il pêche, nage, court et, surtout, il devient expert en cabanes dans les bois. Il connaît à fond chaque relief de la côte mais le monde, le grand monde ? Il n'en a qu'une vision lointaine. Il a quinze ans quand, à la télévision, il découvre des images qui le marqueront de façon indélébile. La caméra capte le regard immense d'un, deux, trois, dix enfants africains. Leurs corps sont si maigres qu'ils parviennent à peine à tenir leur tête. Ils sont en train de mourir de faim. Jean-Marc en est tout retourné. Dans sa région, personne ne roule sur l'or, mais les enfants ont toujours eu de quoi se nourrir. Le monde serait donc si injuste que, simplement selon l'endroit où l'on naît, on puisse mourir de misère ? En éteignant la télévision, il se fait une promesse : « Plus tard, dès que je le pourrai, j'aiderai ceux qui n'ont rien en Afrique. »

Le temps passe, Jean-Marc devient un homme, mais il n'oublie pas sa promesse. Alors qu'il a juste trente ans, il réunit quelques amis pour leur faire part de son idée : créer un parc d'attractions dans la région dont l'essentiel des bénéfices servirait à aider les Africains. Le projet est encore très flou, mais Jean-Marc a bien choisi ses amis, ils sont dégourdis, courageux, et ils sont tous prêts à s'embarquer dans l'aventure !

Comment créer un parc d'attractions à partir de rien ? Jean-Marc n'a qu'une réponse : « Il faut oser ! » Il commence par créer une association. Il l'appelle MEEM, un nom qui est déjà tout un programme puisque ce sont les initiales de « le Monde des Enfants pour les Enfants du Monde ». Il faut acheter un terrain, mais personne n'a d'économies. Ce n'est pas grave, pendant trois ans, Jean-Marc et ses amis organisent des brocantes, lavent des voitures, et économisent sou par sou. Quand ils ont enfin récolté la somme, il leur faut trouver LE terrain, celui qui leur offrira les matériaux naturels pour la construction : du bois pour les charpentes, de la bonne terre pour construire les murs selon la technique qu'utilisaient les Gaulois. Car Jean-Marc a trouvé le thème de son parc d'attractions : ce sera un village gaulois, pour que les

enfants découvrent en s'amusant comment on vivait en France il y a plus de deux mille ans. Un terrain de trois mille mètres carrés est disponible au fond d'une vallée. Il ne paie pas de mine car il est entièrement en friche, mais il cache une merveille de petite rivière qui fournira l'eau nécessaire aux travaux et surtout au plan d'eau que Jean-Marc voit déjà : un bel étang sur lequel il organisera des joutes avec des catapultes ! Pendant plus d'un an, lui et ses amis passent tout leur temps libre à défricher le terrain. Puis ils creusent la fosse qui accueillera l'étang. Enfin, l'été arrive. Aidés par de jeunes bénévoles, ils construisent la première maison gauloise : les murs sont en torchis, le toit est en chaume. Quand la maison se dresse enfin, ils sont fous de joie ! Ils y ont cru, et ils l'ont fait !

S'ouvre alors une période passionnante où tous les étés, des jeunes viennent de tous les coins du monde pour aider. Il y a parfois jusqu'à quatre-vingt-dix adolescents sur le chantier. « C'était épuisant mais magnifique, un bonheur incroyable ! J'ai lié avec certains des liens éternels », se souvient Jean-Marc. Peu à peu se dressent menhirs, dolmen, vigie, four à sel, jardin du druide… et bientôt, surplombant le village gaulois, un village africain qui montre la réalité de la vie dans la campagne du Togo. Car dès que le parc d'attractions a ouvert, Jean-Marc a tenu sa promesse : chaque année, ses bénéfices servent à aider une région pauvre de ce pays. « La première fois que j'ai débarqué à Ogaro, se souvient-il, c'est simple, il n'y avait rien, quelques huttes dispersées dans la brousse, et c'est tout. Le rêve de tous les paysans c'était d'avoir une école pour leurs enfants. Nous avons donc commencé par construire une école… »

Aujourd'hui, grâce à l'argent du parc, plus de quatorze écoles ont été construites, cinq collèges, un lycée, un dispensaire… L'association de Jean-Marc a pris en charge tous les frais de fonctionnement jusqu'à ce que le gouvernement du Togo prenne le relais. Et le Breton, qui n'avait jamais quitté sa Bretagne, a gagné l'estime des *kombanas*, les chefs de village, et en particulier celle du vieux chef du canton. C'est lui qui nomme les autres chefs, selon un seul critère : celui qui saura le mieux rassembler les autres dans l'intérêt de tous. Même si Jean-Marc n'a pas de village, il l'a nommé *kombana*, plus précisément *kombana pol cab* car, en aidant à développer la région, Jean-Marc a évité à de nombreux jeunes de devenir ce que l'on appelle là-bas des *pol cab*, c'est-à-dire des migrants qui traversent la Méditerranée au péril de leur vie pour rejoindre l'Europe. « C'est une de mes plus grandes fiertés, dit-il. Chaque fois que je retourne là-bas, je vais le voir. J'ai un profond respect pour lui. Ce n'est pas du folklore pour moi, il est vraiment mon chef ! »

— **GRANDE-BRETAGNE** Née le 29 juin 1955 —

MARY CLEAR

« Si chacun fait sa part, on change la ville. Et si on s'y met tous, c'est le monde qu'on change ! »

Mary habite à Todmorden, une petite ville du nord de l'Angleterre où, depuis quelque temps, c'est la crise : les industries ont fermé les unes après les autres. Faute de travail, les gens ne cessent de partir et ceux qui restent vivent de plus en plus pauvrement. À cinquante ans, cette jeune grand-mère a la chance de toucher une petite retraite, rien de mirifique mais ça ne la gêne pas, elle aime vivre simplement. C'est pour ses enfants et ses douze petits-enfants qu'elle s'inquiète. Partout à la télévision, à la radio, on ne parle que de crise, de chômage, de pollution… Elle aimerait trouver un moyen d'arranger un peu les choses pour eux, pour les générations à venir. Il ne se passe pas une journée sans qu'elle y pense, mais que faire ? Un beau matin, après avoir entendu une fois de plus les mêmes nouvelles déprimantes à la télévision, elle, d'habitude si joviale, sent comme un petit vent de ras-le-bol monter… N'y tenant plus, elle file trouver son amie Pam. « Bon, y en a assez ! On va rester là à se plaindre encore longtemps ? C'est à nous de faire quelque chose pour notre ville, comme pour la planète ! On n'est pas sur terre longtemps, notre boulot, c'est quand même de la rendre en meilleur état qu'on ne l'a trouvée, ne serait-ce que pour nos enfants ! » Pam est bien d'accord, mais qu'est-ce qui pourrait aider les gens de leur ville à vivre mieux ? Il faut trouver quelque chose qui ne nécessite pas d'argent car elles n'en ont pas et n'ont pas l'intention d'en demander. Alors, elles se creusent la tête… De quoi tout le monde aurait vraiment besoin ? Tout à coup, une idée leur vient, une vraie idée de mères de famille : se nourrir, bien sûr ! Tout le monde a besoin de manger ! « Et si on commençait par planter des légumes et des fruits partout où c'est possible, dans les parcs, au bord des routes ? Les gens qui en ont besoin pourraient se servir gratuitement et ça éviterait d'en acheter qui viennent de loin. Comme ça, on polluerait moins… D'une pierre deux coups ! » Mary est ravie, elle adore jardiner, mais… de là à nourrir une ville entière à deux ! Non, l'idéal serait de s'y mettre à plusieurs… Elles envoient donc des mails à tous les gens qu'elles connaissent et les invitent à les rejoindre un soir au café de la fille de Pam. Le soir de la réunion, à leur grande surprise, le café semble s'être transformé en une grosse ruche : une soixantaine de personnes sont là ! Mary ne se doutait pas que les habitants de Todmorden étaient si nombreux à vouloir faire quelque chose, personne n'osait trop en parler... Quand elle et Pam expliquent leur projet, c'est une explosion d'enthousiasme !

Dès le lendemain, dans la bonne humeur, Mary et Pam s'attaquent avec quelques voisins à une petite bande de terre le long de la rue principale. Tout en travaillant, elles leur expliquent comment retirer les mauvaises herbes, comment biner la terre, quoi planter et quand... et surtout comment faire tout ça de façon naturelle, sans produits chimiques ! Les voisins sont ravis d'apprendre et de se sentir utiles et, peu à peu, chacun ajoute sa patte : un tel pense à un endroit qui serait super pour planter, tel autre propose de remplacer carrément les arbres existants par des pommiers... Et c'est comme ça qu'en l'espace de quelques mois, Todmorden a complètement changé de visage. Maintenant, sur chaque bout de trottoir, on croise des jardinières de poireaux, des pieds de tomates, des rangées de carottes, des fraisiers toujours accompagnés de leur petite pancarte : « Allez-y, servez-vous, c'est gratuit ! » Aucun rond-point, aucun pot de fleur n'a résisté à cette fièvre potagère ! Presque toute la ville s'y est mise et en profite. Depuis que des plants de maïs poussent devant le commissariat, les policiers sont contents de pouvoir échanger quelques mots avec les jardiniers amateurs autrement qu'en leur collant des contraventions, ils disent même qu'il y a moins de problèmes en ville depuis que ces « Incroyables Comestibles » poussent partout. Et les habitants, en jardinant et en partageant le fruit de leur travail, se sont redécouverts et ont plaisir à passer du temps ensemble. Mary la première, qui ne se lasse pas d'expliquer aux enfants l'importance de manger des légumes qui ont poussé de manière naturelle et qui n'ont pas pollué en faisant un long chemin jusqu'à leur assiette. Du coup, même à la cantine, les élèves mangent les légumes qu'ils ont fait pousser eux-mêmes dans le potager de l'école ! Motiver tout le monde, c'est du boulot, c'est sûr, Mary n'a jamais autant travaillé de sa vie, mais quel bonheur de voir enfin sa ville si gaie ! Finie la morosité, l'opération est même si réussie qu'un journal anglais a déclaré que c'était le « meilleur endroit où vivre en Angleterre ». Et ça, ce n'est certainement pas Mary qui dira le contraire !

MANJIL RANA

« Et si on remplaçait l'argent par l'amour ? »

Manjil a eu de la chance et il le sait. Alors qu'il vivait au Népal, un pays sublime mais très pauvre, ses parents l'ont envoyé étudier en Inde. Là, il découvre des professeurs du monde entier, qui lui enseignent des choses passionnantes. Chacun apporte une vision différente, et ça lui donne envie de voyager. Il part en Asie, en Europe, en Amérique du Sud et aux États-Unis. Les différences le fascinent mais une chose le surprend : partout, on dirait que l'argent est la chose la plus importante au monde et les hommes les plus respectés sont ceux qui gagnent le plus d'argent, sans qu'on cherche à savoir comment ils le gagnent… Font-ils souffrir des gens ? Abîment-ils la planète ?

Souvent, il repense à chez lui, à tous ces gens qui n'ont rien. Il aimerait partager avec eux ce qu'il a eu la chance d'apprendre. Il dit donc adieu aux douches, au matelas moelleux, à la télévision et part retrouver la vie simple de son village. Ses parents s'inquiètent. Et ses études ? Et son avenir ? Manjil a son projet : créer une école gratuite ici, là où les enfants en ont le plus besoin. Sans un sou ? Oui, ce sera l'occasion de tester une idée un peu folle qui lui trotte dans la tête : remplacer l'argent par un autre carburant, l'amour, *maya* en népali. Il réunit les villageois et leur propose d'ouvrir une classe de dix enfants sous une tente. Il est stressé. Vont-ils lui faire confiance, à lui, un simple étudiant ? Le soir, ce ne sont pas dix familles mais deux cents qui lui demandent d'accepter leur enfant dans son école ! Manjil est aux anges mais… comment accueillir autant d'enfants ? Les parents le rassurent : « Nous ne sommes pas instruits mais nous pouvons aider. Nous savons travailler la pierre et pouvons construire une école, cultiver du riz pour la cantine, ou fabriquer des bijoux pour les vendre afin d'acheter des cahiers et des stylos… » Et c'est ainsi que la Maya Universe Academy est née. Chaque parent offre deux jours de travail par mois en échange d'un enseignement riche et varié pour son enfant. Et très vite, des professeurs bénévoles affluent du monde entier pour participer à cette expérience. Aujourd'hui, l'école accueille plus de quatre cents enfants et Manjil a réussi son pari : montrer qu'on peut construire de beaux projets, juste avec le goût du partage !

— **PALESTINE** Né le 1er septembre 1989 —

MOHAMMED ASSAF

« Je voulais que le public entende ma voix et celle de mon peuple. »

Mohammed est auprès de sa sœur mourante. Depuis des mois qu'elle est malade, il reste à son chevet et chante pour elle, c'est la seule chose qui l'apaise. Parfois, il a peur de la fatiguer, mais elle insiste : « Non, ça me fait du bien. Tu as une voix en or, le monde entier devrait t'entendre. Promets-moi que tu continueras à chanter », lui dit-elle. Mohammed promet. Quand sa sœur meurt, il est totalement effondré, mais il s'accroche à cette promesse.

Si devenir un chanteur reconnu n'est déjà pas une mince affaire pour n'importe quel jeune dans le monde, pour Mohammed, c'est juste mission impossible car il vit dans un camp de réfugiés palestiniens dont il n'a pas le droit de sortir. Les immenses barbelés qui l'entourent sont là pour le lui rappeler. Pourtant, quand il entend que le prochain casting de la célèbre émission de télévision « Arab Idol » va se dérouler en Égypte, il décide de tenter le tout pour le tout. Il grimpe en douce à l'arrière d'un camion qui se dirige vers un premier barrage, à la sortie du camp. Dès que le camion s'arrête pour présenter ses autorisations, Mohammed soulève discrètement la toile, s'assure que personne ne le voit, et saute. Il court, rampe sous les barbelés. Ses vêtements s'accrochent, il sent les pics lui écorcher la peau... Son cœur bat à tout rompre. Derrière lui, les gardes s'affairent toujours autour du camion, s'ils se retournent, ils peuvent l'apercevoir à tout instant. Il doit passer, il FAUT qu'il passe... Mais sa jambe est coincée ! D'un coup sec, il tire dessus. Un cri de douleur monte dans sa gorge mais il parvient à l'étouffer. Il a réussi à se dégager, il est de l'autre côté ! Mohammed court aussi vite qu'il le peut, il est sorti du camp, mais il lui reste à traverser d'autres barrages, des points de sécurité et la frontière qui sépare la Palestine de l'Égypte... Pendant deux jours, il ne dort pas, se cache, ruse, mais il parvient à entrer en Égypte, et il arrive, épuisé, sur le lieu des auditions. Il est sept heures du matin et une foule immense attend déjà devant les bâtiments. Mohammed prend place dans la file, quand un des organisateurs s'approche et annonce que tout est terminé. Les numéros ont été attribués à tous les candidats, et sans numéro, pas d'audition. Ce n'est pas possible, il ne peut tout de même pas

avoir fait tout ça pour rien ! Dans un dernier sursaut, Mohammed tente de contourner les vigiles et grimpe sur un escalier extérieur qu'il a repéré pour tenter d'accéder à la salle où se déroulent les auditions. Mais devant la porte de nouveaux vigiles lui en refusent l'accès. Cette fois Mohammed est désespéré. Il va se réfugier dans les toilettes, et comme souvent quand il se sent mal, il se met à chanter. Tout doucement d'abord, puis s'oubliant peu à peu il chante à pleins poumons, laissant s'échapper toute son émotion. Quand il ressort des toilettes, un jeune homme est là qui le dévisage, comme figé, et lui dit : « Je t'ai entendu, tu es bien meilleur que moi... Tiens, je te donne ma place. » Mohammed ne sait pas quoi dire, il ne se sent pas du tout à l'aise avec l'idée de lui voler sa chance et s'apprête à refuser, mais le jeune homme ne lui en laisse pas le temps, il lui met son numéro dans la main, et s'éloigne en disant : « Je suis sûr que je te verrai en finale ! » Mohammed garde ses paroles au fond de lui, comme une prophétie. Pendant des mois, chaque vendredi, il participe à l'émission. Ce n'est pas évident, il a un trac d'enfer mais dès qu'il chante, il oublie tout, il se refuse à avoir peur de chanter faux et chante de tout son cœur. Il pense à sa sœur, bien sûr, mais aussi à tout son peuple, en Palestine, qui commence à se passionner pour cette histoire étonnante qui leur fait momentanément oublier la dureté de leur vie.

Le soir de la finale, quand Mohammed est déclaré grand vainqueur, tous les Palestiniens sortent dans la rue, et dansent de joie et de fierté pendant toute la nuit. En découvrant ces images à la télévision, Mohammed est bouleversé. Interrogé par un journaliste, il confie : « Redonner même pour un instant de l'espoir à mon peuple, c'est la chose la plus merveilleuse qui me soit arrivée. »

De retour en Palestine, il improvise une tournée de concerts pour la plupart gratuits. Chaque fois, on lui réserve un véritable triomphe. Mais quand on lui parle de son surnom, « le missile », que les membres du jury lui ont donné pour saluer son ascension fulgurante, Mohammed ne peut réprimer une grimace : « Je ne veux pas de ce missile, je ne veux plus de missiles. On souffre partout, en Palestine, en Syrie, en Libye parce que le monde aime les utiliser, mais il y a tant de belles choses que l'on pourrait faire, au lieu d'alimenter la haine des uns envers les autres. J'ai un nouveau rêve : j'aimerais tant que, parmi mes concitoyens, tous les jeunes qui ont un talent – qu'ils soient chanteurs, écrivains, footballeurs ou poètes – osent se lancer à leur tour, comme je l'ai fait. »

— **ÉTATS-UNIS** 23 juin 1940 • 12 novembre 1994 —

WILMA RUDOLPH

« Si tu peux te relever après une défaite, un jour, tu seras champion. »

Quand Wilma vient au monde, elle ne pèse que deux tout petits kilos. Elle est si fragile que ses parents et ses quatorze frères et sœurs s'inquiètent beaucoup pour elle. Et pour cause : elle attrape tous les microbes qui passent ! Alors qu'elle n'a que quatre ans, une énième maladie, plus féroce que les autres, la cloue au lit. Quand elle se réveille, elle entend le médecin annoncer à sa mère qu'elle ne pourra plus jamais marcher. Wilma sent son cœur s'affoler mais elle n'oubliera jamais la réaction de sa maman, qui s'est penchée vers elle et lui a dit, en la regardant bien dans les yeux : « Tu remarcheras ! » Mais, à l'époque, trouver un hôpital qui accepte de soigner les Noirs n'est pas une mince affaire aux États-Unis. Après avoir essuyé plusieurs refus, sa mère finit par en trouver un... à plus de quatre-vingts kilomètres de chez elles ! Wilma et sa mère font la route deux fois par semaine pendant deux ans. Toute la famille l'encourage. Pendant que sa mère travaille, ses frères et sœurs se relaient à ses côtés. Quatre fois par jour, ils lui font faire des exercices, lui massent les jambes... Tout le reste du temps, Wilma est obligée de porter une attelle en métal autour de sa jambe et ne peut pas marcher sans béquilles. Elle déteste ça. C'est lourd, et ça l'empêche de faire tout ce qu'elle voudrait. Car Wilma ne tient pas en place ! Elle suit ses frères et sœurs partout, surtout une de ses grandes sœurs, passionnée de basket. Pendant que sa sœur s'entraîne avec son équipe, Wilma passe des heures sur le bord du terrain, à essayer discrètement de reproduire ses mouvements. Le coach, qui l'observe du coin de l'œil, n'en revient pas !

Peu à peu, grâce au soutien de sa famille et à sa volonté de fer, Wilma fait des progrès. Pour son neuvième anniversaire, elle est autorisée à troquer son attelle et ses béquilles contre de grosses chaussures spéciales. Elles sont montantes pour bien maintenir la jambe et très lourdes mais, pour Wilma, ça a déjà un petit goût de liberté ! À onze ans, elle réussit enfin à marcher et, très vite, elle saute, elle court... Impatiente de rattraper le temps perdu, elle est déchaînée ! Ses frères lui installent un panier de basket dans la cour de leur maison et Wilma s'entraîne toute la journée, mettant au défi tous les garçons de son quartier. Le coach de sa sœur, qui se souvient de son incroyable ténacité, lui propose d'intégrer son équipe. Sur le terrain, elle se révèle tellement rapide et insaisissable qu'il l'appelle « Moustique ». Mais Wilma a tant d'énergie que bientôt le basket ne lui suffit plus. C'est alors qu'elle découvre la course. Et c'est une vraie révélation ! Elle adore cette impression d'aller au bout de soi-même, la sensation de la vitesse, de l'air sur sa peau… Wilma a trouvé son truc. Tout de suite repérée par un entraîneur, elle ne quitte plus la piste, court comme une acharnée, perfectionne ses mouvements, et commence à participer à de nombreuses compétitions étudiantes, qu'elle gagne toutes ! Elle est si rapide et légère que tous ceux qui la voient courir la surnomment « la gazelle ».

À seize ans, elle rapporte une médaille de bronze des Jeux olympiques d'Australie. Elle est déçue car elle est sûre de pouvoir faire mieux. Pendant les quatre années qui suivent, elle s'entraîne sans relâche, en plus de ses études à l'université, et elle réussit à battre le record du monde de vitesse, devenant officiellement la femme la plus rapide du monde ! Quand les Jeux olympiques de Rome arrivent, elle est fin prête, elle se sent capable de tout gagner. Mais la veille de la compétition, catastrophe : Wilma marche dans un trou et se foule la cheville… Poser le pied par terre est une vraie torture, mais pour rien au monde elle ne renoncerait à son rêve. Le lendemain elle est la première dans les starting-blocks. Malgré sa cheville bandée, au coup de pistolet, elle file comme une flèche, et remporte la médaille d'or du cent mètres avec trois mètres d'avance sur ses concurrentes. Elle enchaîne avec le deux cents mètres qu'elle gagne haut la main. Il lui reste à remporter le quatre fois cent mètres, qui est une course de relais. Quand elle voit ses coéquipières prendre du retard, elle qui attend son tour au bord de la piste fulmine, le relais est mal entamé, elles vont perdre la course ! C'est la première fois que la retransmission des Jeux olympiques est diffusée dans le monde entier, tous les spectateurs retiennent leur souffle… quand Wilma attrape le témoin, elle jette ses dernières forces sur la piste et, sans écouter sa douleur, rattrape les deux mètres de retard pour franchir en tête la ligne d'arrivée ! Elle est la première femme à décrocher trois médailles d'or lors des mêmes Jeux !

Wilma est devenue un véritable modèle pour tous les athlètes, et profite de sa célébrité pour obtenir que, à son retour chez elle dans le Tennessee, les Noirs soient autorisés à fêter sa médaille avec les Blancs. C'est la première fête mixte de sa ville ! Et, alors qu'elle est au sommet de sa gloire, elle choisit de se retirer de la compétition pour se consacrer aux jeunes de milieux défavorisés. À la fin de sa vie, elle avouera même que c'est ce dont elle est le plus fière !

USA
117

— **URSS** 9 septembre 1939 • 19 mai 2017 —

STANISLAV PETROV

« J'ai choisi d'écouter mon intuition et j'ai prié le ciel d'avoir raison. »

Chaque soir, Stanislav descend dans son bunker secret à cent kilomètres de Moscou. Qu'y fait-il ? Peu de gens le savent, pourtant sa responsabilité est énorme : il surveille le ciel pour détecter d'éventuelles attaques militaires. Car Stanislav est lieutenant-colonel dans l'armée russe lors de ce qu'on appelle « la guerre froide ». À cette époque, le monde est coupé en deux. D'un côté l'URSS, de l'autre les États-Unis, et les deux se tiennent à distance en se menaçant avec des armes terribles : des missiles nucléaires qui peuvent voler jusqu'au pays ennemi et tuer des millions de gens d'un coup. En rejoignant son bunker le 26 septembre 1983, Stanislav sait qu'il doit être sur ses gardes. La tension est à son comble, car les Soviétiques viennent d'abattre un avion coréen avec plus de deux cents passagers dont un Américain, qui avait survolé accidentellement l'URSS. Toute la presse parle de ripostes. Comme chaque soir, Stanislav avale un thé et un maigre repas avec ses hommes, et s'assied devant ses écrans de contrôle. Les heures passent... Quand tout à coup, à minuit quinze, des sirènes retentissent. Il lève les yeux vers l'écran principal, c'est le signal qu'un missile américain a décollé et fonce sur l'URSS. Un bouton rouge clignote. Un second missile apparaît, puis un troisième, un quatrième, un cinquième... les machines crachent des rapports d'alertes, le système s'affole... Il doit prévenir ses supérieurs pour qu'ils puissent riposter rapidement. C'est la procédure. Ses hommes commencent à paniquer, Stanislav, lui, ne bouge pas. Il réfléchit à toute allure. Si les Américains attaquaient, ils n'enverraient pas cinq mais une pluie de missiles... Et si c'était une fausse alerte ? Des nuages empêchent les radars au sol d'être sûrs à cent pour cent... une seule chose est certaine, s'il prévient ses supérieurs, ils riposteront et il y aura des millions de morts. Une drôle de sensation dans son ventre lui dit que quelque chose cloche, qu'il ne doit pas obéir. Les minutes qui suivent seront les plus longues de sa vie mais... aucune explosion ne vient ébranler l'URSS. Stanislav, épuisé par le stress, s'écroule sur sa chaise.

Finalement, le système de surveillance était défaillant ! Seul son incroyable sang-froid nous a évité une troisième guerre mondiale. Un grand merci monsieur Petrov !

— **FRANCE** Né en 1960 —

ÉRIC JULIEN

« J'étais un peu au degré zéro de la conscience, cette rencontre a ouvert une porte en moi. »

On pourrait dire qu'Éric a eu deux naissances. La première en 1960 et l'autre vingt-cinq ans plus tard. Alors jeune géographe, il entreprend l'ascension de la plus haute montagne de la Sierra Nevada colombienne quand soudain, à près de cinq mille mètres d'altitude, une étrange sensation envahit ses poumons, comme s'ils se remplissaient d'eau. Il fait ce qu'on appelle une « embolie pulmonaire ». Il n'arrive plus à respirer ni même à tenir debout… Quand il se réveille, il est dans une espèce de tente, sans la moindre idée de l'endroit où il se trouve. Il commence à paniquer, il sent bien que ce qu'il a est grave : s'il ne voit pas un médecin très vite, il ne donne pas cher de sa peau… C'est alors qu'un pan de la tente se soulève et un visage apparaît. Mais, loin du médecin en blouse blanche qu'il espérait, il voit un drôle de petit « bonhomme » au teint bruni par le soleil, coiffé d'un étrange chapeau, qui l'observe. Éric voudrait lui demander de l'aide mais, avant même qu'il ait eu le temps de dire un mot, l'homme a disparu. Éric essaie de se lever... impossible, il est épuisé. Une heure plus tard, l'homme revient avec un bol de soupe. Cette fois, Éric est désespéré : « S'il pense me guérir avec de la soupe, se dit-il, je suis fichu… » Et à bout de forces, il s'abandonne aux soins de ses hôtes, à demi conscient. Comme dans un rêve, il se laisse porter, frictionner, tremper dans de l'eau glacée et enduire de toutes sortes de cataplasmes qui picotent. Au bout de huit jours, il se réveille et réalise qu'il est guéri. Il pointe une tête hors de sa tente, et ce qu'il découvre le stupéfie : autour de lui des huttes rondes, avec des feuilles de palmier en guise de toit. Et partout, de drôles de petits « bonshommes », des femmes et des enfants tous habillés de blanc et pieds nus. Éric n'en croit pas ses yeux. « Mais qu'est-ce que c'est que ce village de Schtroumpfs ! » se demande-t-il. Pas la moindre trace de confort moderne, pas même un petit clou pour bâtir leurs maisons, tout tient avec des cordes de liane. Et pour cause… Éric ne le sait pas encore, mais c'est un des plus anciens peuples du monde qui l'a recueilli : les Kogis*. Ils vivent selon des traditions vieilles de près de quatre mille ans ! Éric n'en revient pas. « Mais comment ont-ils fait pour savoir ce que j'avais et me soigner ? »

---

* *Lire l'histoire des Kogis p. 101.*

La nuit précédant son départ, il est invité dans une grande hutte, où tout le village est réuni dans une épaisse fumée pour discuter. Éric écoute, ses notions d'espagnol lui permettent de saisir l'essentiel. Quand vient son tour de prendre la parole, il se surprend à demander : « Quel conseil donneriez-vous à un jeune homme comme moi ? » L'un des plus anciens lui répond : « Mon conseil pour les jeunes serait qu'ils connaissent le chant des arbres, celui des rivières, des marais, du soleil, des lacs, de l'hiver, du printemps, c'est ça qui est important. » Quel étrange conseil... Éric est troublé. Une question le taraude : pourquoi l'ont-ils sauvé ? Du tac au tac, l'un d'eux répond : « On ne voulait pas laisser de poubelle dans notre montagne. » Éric éclate de rire, épaté : il leur doit la vie et ils balaient ça d'un trait d'humour ! Il poursuit : « Comment vous remercier ? Y a-t-il quelque chose que je puisse faire pour vous aider ? » L'ancien réfléchit, puis répond : « L'important n'est pas de nous aider nous, mais d'aider la Terre mère. Notre mission, c'est de la soigner, mais nous ne pouvons plus la protéger car nous avons été chassés de nos terres par ceux qui ne s'intéressaient qu'à notre or, ou à notre forêt de bois précieux. Si vous pouviez nous aider à retrouver nos terres, nous pourrions à nouveau la réveiller. » Éric se sent soudain tout petit. Racheter des terres, mais comment pourrait-il faire ? Cependant, il promet, et le lendemain il repart.

Quelques années passent. Éric n'a pas oublié les Kogis, mais les responsabilités le rattrapent. Il devient consultant en entreprise, se marie, a des enfants. Tout semble lui sourire et pourtant, au fond de lui, il éprouve un manque. Il repense parfois aux paroles énigmatiques du Kogi, « au chant des arbres, des rivières, des marais... » Et un jour, tout s'éclaire : il a fait une promesse, il doit la respecter ! Il démissionne et part dans l'espoir de les retrouver. Mais la montagne est impénétrable, il ne se souvient plus du chemin qu'il a emprunté. Il multiplie les expéditions pendant plus de quatre ans quand, enfin, il rencontre Gentil Cruz, celui qui va devenir son interprète auprès des Kogis.

Éric, qui avait cru échouer dans une tribu primitive, est vite fasciné par la sagesse des Kogis. Ils connaissent tant de choses sur les plantes, celles qui éloignent tel ou tel insecte, celles qui permettent de soigner telle ou telle maladie... Pour comprendre d'où ils tiennent tout ce savoir, il va trouver les *mamus*, les sages du village. Devant son étonnement, l'un des *mamus* sourit : « La nature est comme un livre, tout y est écrit. Ça fait des millénaires que nos anciens l'observent, et ce qu'elle leur a appris, ils nous l'ont transmis. Vous, les petits frères, vous ne savez plus l'écouter, c'est pour ça qu'elle s'appauvrit. » Éric va de surprise en surprise et mieux il connaît les Kogis, plus il veut les aider. Il crée une association pour récolter de l'argent et, morceau après morceau, il rachète leurs terres et parvient à leur restituer mille neuf cents hectares. Tout en les voyant redonner vie à chaque parcelle récupérée, y faire revenir les insectes et recréer patiemment la biodiversité, il découvre leur façon de vivre, basée sur le partage et le respect, et se dit qu'ils ont bien raison de nous appeler leurs « petits frères » !

LES KOGIS

« Si nos pensées sont bonnes notre vie sera heureuse. »

Ils sont trois à rentrer de la cueillette en silence, quand ils découvrent sur le bord du chemin un jeune Blanc qui semble inconscient… « Mais que fait ce petit frère ici ? se demandent-ils, il a l'air d'avoir besoin de soins ! » Ils le hissent délicatement sur une mule et le ramènent dans leur village. Après l'avoir installé dans une hutte, ils vont chercher un de leurs *mamus* qui observe attentivement le malade. Il le palpe, écoute l'intérieur de son corps en posant son oreille sur sa poitrine et conclut qu'il n'arrive plus à respirer, parce qu'il a de l'eau dans les poumons. Il prescrit des bains glacés, la nuit dans la rivière, pour que le froid contracte ses poumons et leur fasse expulser l'eau, et des cataplasmes de plantes sauvages qu'il leur demande d'aller cueillir dans la montagne.

Les jours passent, ils se relaient au chevet du malade. Tant qu'il n'a pas la force de se lever, patiemment, ils l'aident à manger cuillérée après cuillérée, le lavent, l'enveloppent dans des bouillies d'herbes, le portent à la rivière. Quand enfin le petit Blanc se réveille, ils sont heureux mais pas étonnés pour un sou. Ils savent que leur *mamu* guérit toutes sortes de maux. Sa formation a duré près de dix-huit ans, il a hérité des connaissances des anciens, alors ils lui font confiance.

Quand le jeune gringo repart, les Kogis ne savent presque rien de lui, si ce n'est qu'il s'appelle Éric* et qu'il a promis de les aider à récupérer les terres qui leur ont été prises. Ils le regardent partir sans trop y croire, les hommes blancs qu'ils ont connus n'ont jamais été très doués pour tenir leurs promesses. Les pauvres, ils sont tellement accaparés par l'idée de prendre, d'acheter, de faire du profit ! C'est bien ce qui inquiète les Kogis. Car à force de prendre toujours plus à la Terre mère, les hommes blancs l'ont rendue malade, ils le voient bien. Son sang ne bat plus aussi fort dans ses veines, les rivières et les lacs s'assèchent et la glace en haut des montagnes disparaît. Il y a très longtemps, un ancien les a prévenus : « Un jour, l'eau va manquer et sans eau, il n'y aura plus de vie. » Il les a aussi mis en garde : si les Kogis disparaissent,

---

** Lire l'histoire d'Éric Julien p. 98.*

leurs petits frères blancs ne tarderont pas à disparaître eux aussi. En regardant Éric s'éloigner sur sa mule, ils se demandent si ce petit frère a conscience que son destin est lié au leur. Ils aimeraient tant que celui-là tienne sa promesse !

Les années passent, ils ont presque oublié Éric quand, soudain, le voilà qui arrive. Cette fois, il est avec Gentil Cruz, qu'ils connaissent bien et qui peut traduire leurs paroles. Non seulement il est revenu, mais il passe des heures auprès des *mamus* à les écouter. On dirait que pour une fois un Blanc les prend au sérieux ! Il les prend même tellement au sérieux qu'il finit par leur proposer quelque chose : « Nous avons toutes sortes de technologies mais nous ne savons plus comment vivre en harmonie avec la nature. De votre côté, vous ne pourrez guérir la terre tout seuls… Peut-être qu'en échangeant nos savoirs, nous trouverions des solutions ? » Les Kogis trouvent l'idée épatante ! Depuis, des *mamus* kogis viennent régulièrement en Europe. Éric leur fait rencontrer de grands scientifiques, des médecins, des chercheurs. Les *mamus* ne sont pas dupes, ils voient bien qu'au début, on les regarde avec un petit sourire en coin, mais ils s'en moquent, ils ont confiance en leur savoir. Et les sourires disparaissent vite car, face aux malades qu'on leur présente, leur diagnostic tombe toujours juste, et les soins qu'ils préconisent se révèlent être d'une efficacité redoutable ! Ils s'en amusent entre eux, et ne détestent pas créer la surprise. Comme cette fois où de grands astronomes anglais leur ont montré des photos du ciel, et qu'un mamu a pointé son doigt vers un petit nuage de points que l'on distinguait à peine en expliquant bien tranquillement que c'était une étoile qui en cachait une autre juste derrière elle, invisible depuis la Terre. La réaction éberluée des astronomes les fait encore rire quand ils y pensent. Ils ne cessaient de répéter : « Comment peut-il le savoir ? Nous venons tout juste de le découvrir grâce à notre nouveau télescope ! »

Mais les Kogis sont surtout heureux d'avoir l'occasion de transmettre leur savoir et leur philosophie de vie. Chez eux, tout se partage, personne n'est laissé de côté, qu'on soit jeune, vieux ou malade. Et si une erreur est commise, on ne désigne pas de coupable, on cherche ensemble ce qui n'a pas été compris, et le mamu le ré-explique à celui qui s'est trompé. L'écoute est la base de leurs relations. Aujourd'hui, c'est ce qu'ils enseignent dans les grandes entreprises françaises où Éric les invite à intervenir : ils apprennent patiemment aux directeurs et aux chefs d'équipe à ne pas « réfléchir des pieds à la tête », c'est-à-dire à ne pas agir avant d'avoir réfléchi, mais prendre le temps d'écouter leurs employés pour faire émerger de nouvelles idées et prendre de meilleures décisions. Car pour eux, prendre soin de la Terre et des hommes, cela va de pair.

Grâce à Éric, les Kogis ont un peu repris espoir. Et s'ils sont fiers qu'il ait ouvert l'« École de la Nature et des Savoirs », où il met en pratique leur philosophie, ils sont surtout reconnaissants de pouvoir enfin aider un peu leurs petits frères, comme les vieux arbres protègent les plus jeunes qui poussent à l'ombre de leur feuillage.

— **FRANCE** Née le 25 mai 1975 —

AÏSSA MAÏGA

« La France est un pays métissé, il serait temps que le cinéma soit le reflet de la société ! »

Aïssa est comédienne. Une comédienne talentueuse, qui sait tout faire ou presque. Danser, chanter, faire rire, émouvoir… Et pourtant, à ses débuts, quand elle enchaînait les castings pour trouver un rôle, souvent, on ne la laissait même pas faire un bout d'essai. À peine entrait-elle sur le plateau qu'on lui expliquait que le rôle n'était pas pour elle. Pourquoi ? Parce qu'elle est noire. Et dans les films français « il n'y a pas de rôles pour les Noirs », lui répondait-on souvent. Avocate, médecin ? « Ça ne serait pas crédible ! » lui assénait-on. Pas crédible ? « Mais où vivent ces gens, se demandait Aïssa, ils ne voient pas que partout en France, il y a des Noirs, des Asiatiques, des Arabes qui font toutes sortes de métiers ? Pourquoi le cinéma et la télévision font-ils comme s'ils n'existaient pas ? » Aïssa désespère parfois, mais elle s'accroche. Et de petit rôle en petit rôle, de grands réalisateurs finissent par voir son talent au-delà de sa couleur de peau. Aïssa décroche enfin des rôles importants, et pourtant rien n'est simple pour elle… Bizarrement, si son nom apparaît sur les affiches, son visage n'y est pas toujours, même quand elle tient un des rôles principaux. On ne cesse de lui faire sentir qu'elle est noire avant d'être comédienne. Si seulement elle était la seule ! Mais qui est capable de citer le nom de cinq comédiens noirs en France ? Personne. Aïssa veut faire changer les choses, et offrir au cinéma une image plus conforme à la réalité de la société. Elle contacte quinze comédiennes noires, des jeunes et des moins jeunes, et leur propose de raconter leur parcours dans un livre qui s'appellera *Noire n'est pas mon métier*.

Le livre sort le 3 mai 2018. Dans le milieu du cinéma et de la télévision, il fait grand bruit, et ce qui semblait être un sujet tabou alimente subitement toutes les conversations. Combien de temps faudra-t-il pour que les visages du cinéma français ressemblent aux nôtres ? Mystère ! Mais, comme le premier pas d'une longue marche, le 16 mai 2018, les seize comédiennes qui ont témoigné dans le livre sont invitées à monter le tapis rouge du Festival de Cannes ensemble. Ce qu'elles font comme des reines, soudées, le poing levé, et en dansant !

— **URUGUAY** Né le 20 mai 1935 —

JOSÉ MUJICA

« Je vis avec juste assez pour que les choses ne me volent pas ma liberté. »

José grandit dans un petit pays d'Amérique du Sud, l'Uruguay, planté entre ses deux grands voisins, le Brésil et l'Argentine. De son enfance, il se souvient surtout des visites de son oncle. Il adorait cet homme qui lui racontait toujours des histoires dans lesquelles le peuple devenait le chef, et lui parlait de révolte pour construire un monde plus juste. José ne savait pas trop ce qu'était un peuple, pas davantage à quoi ressemblait une révolte, mais chaque fois que son oncle repartait, il rêvait pendant des jours et des jours à ce monde merveilleux échappé de ses histoires.

En grandissant, José prend conscience de la pauvreté qui l'entoure. Le peuple vit dans la misère pendant que les dirigeants du pays semblent s'enrichir. Très vite, il trouve cette situation inacceptable. À quinze ans, il rejoint un groupe politique opposé au gouvernement. Il milite, réfléchit à l'intérieur de ce parti, mais rien ne bouge et José ne supporte plus de voir des gens mourir de faim. Alors, quand il entend parler d'un groupe de révolutionnaires qui attaquent des banques pour redistribuer l'argent aux pauvres, les Tupamaros, ça lui rappelle les histoires de son oncle et il s'engage à leurs côtés. Il est prêt à tout, y compris à avoir recours à la violence. Plus tard, quand on lui demandera s'il a tué pendant cette période, il répondra : « J'ai eu de la chance, je visais trop mal ! » Mais un jour, alors qu'il est en réunion avec quelques camarades, soudain, la police débarque. José est grièvement blessé. Il a six balles dans le corps et se retrouve entre la vie et la mort. Un médecin réussit à le sauver. À peine remis de ses blessures, il est jeté en prison. On le torture, on l'humilie… Mais avec une centaine de camarades, pendant des jours et des jours, ils creusent un tunnel qui débouche dans le salon d'une maison voisine. Il parvient à s'évader, mais malheureusement il est très vite rattrapé et jeté de nouveau en prison. Il s'évade encore, mais cette fois c'est un de ses proches qui le trahit et José retourne en prison.

Après chaque tentative d'évasion, ses conditions de détention sont de plus en plus inhumaines. Il finit par passer sept longues années dans un isolement total, sans personne à qui

parler, ni même le droit de lire. Pour un oui ou pour un non, ses geôliers le menacent de mort. Chaque matin, il se réveille sans savoir s'il sera encore en vie le soir. Ce sont de drôles de conditions pour réfléchir, et pourtant, José réfléchit. Et il va faire une découverte qu'il n'oubliera plus jamais : « On ne peut pas vivre dans la rancœur. Soit on se débrouille pour être heureux avec rien, parce qu'on comprend que le bonheur est en nous, soit on gaspille ce qui nous reste de vie en se laissant envahir par la haine. » José a trouvé comment s'occuper. Jour après jour, il apprend à se débarrasser de sa haine, à pardonner à ceux qui le maltraitent, à être heureux malgré tout, heureux avec rien... Pendant deux interminables années, ses geôliers vont jusqu'à l'enfermer au fond d'un puits avec des fourmis, des grenouilles et des rats comme seule compagnie. Même dans ces conditions atroces, José poursuit son apprentissage du bonheur. Il lutte contre la solitude, parle avec ces drôles de compagnons pour ne pas perdre la tête. Il frôle la folie, mais finit par convaincre la psychiatre de la prison de lui donner des livres. Patiemment, il commence à recopier un livre de chimie, puis un autre et, petit à petit, il parvient à réorganiser le fil de ses pensées.

Des années plus tard, alors que le peuple tout entier s'est soulevé pour exiger un changement de gouvernement, José est libéré. S'il est toujours déterminé à se battre contre la pauvreté et l'inégalité, il ne veut plus entendre parler de violence. Il ne veut plus faire souffrir qui que ce soit. Pas à pas, il travaille à reconstruire son pays. Il est élu député, puis sénateur, puis nommé ministre de l'Agriculture. Mais il reste le même homme, simple et franc, qui continue de travailler le matin dans ses champs. Et il n'est pas rare de voir celui qu'on appelle désormais affectueusement « Pépé Mujica » arriver au Congrès en scooter, avec ses bottes en caoutchouc et ses ongles pleins de terre. Quand on l'interroge sur ses conditions de vie, inhabituelles pour un homme politique, il rit volontiers et répond : « On s'invente tous une montagne de besoins, mais c'est notre vie qu'on dilapide. Quand tu achètes quelque chose, tu crois le payer avec de l'argent, mais en vrai tu le paies avec le temps que tu as passé pour gagner cet argent. Moi je tiens trop à la vie pour la gaspiller ! » Les Uruguayens apprécient ce petit homme honnête, qui parle et vit comme eux, et José finit par être élu président de la République ! Un président peu ordinaire, qui reverse l'essentiel de son salaire à des œuvres humanitaires, un président qui préfère rester dans sa petite maison au milieu des champs et transformer le palais présidentiel en refuge pour les sans-abris, quand les hivers sont trop froids. Un président qui ne veut pas d'une grosse voiture de fonction blindée. Rien que d'en parler, ça le fait sourire ! Il a sa fidèle Coccinelle bleue, elle lui suffit amplement et devient d'ailleurs rapidement le symbole du « président le plus pauvre du monde », comme l'appellent les journalistes. José, lui, ne voit pas les choses comme ça : il n'est pas pauvre, il se sent libre ! Et tout au long de son mandat de président, c'est cette étonnante liberté qu'il essaiera de partager avec son peuple, réduisant les inégalités, s'attaquant à la pauvreté, et édictant de nouvelles lois qui feront de son pays le plus moderne de son continent.

— **ÉTATS-UNIS** 18 juillet 1908 • 7 juillet 1981 —

PEACE PILGRIM

« Il n'y a qu'une personne que vous pouvez changer, c'est vous. Ensuite vous pourrez peut-être inspirer les autres. »

Quand on la voit arriver, de son pas énergique et presque dansant qui tranche avec ses cheveux blancs, on se demande ce qu'une femme de son âge fait seule sur les routes. Ses baskets de toile sont élimées jusqu'au trognon et l'étrange tunique bleu marine qui recouvre son pantalon porte encore les traces de sa nuit passée à même le sol. Pourtant, rien chez elle n'inspire la pitié. Comme l'indique cette curieuse inscription sur sa poitrine, « *Peace Pilgrim* » (« Pèlerine de la Paix ») n'est pas une vagabonde ordinaire. Pour commencer, rien ne la destinait à passer sa vie sur les routes. Élevée au grand air de la ferme familiale, Mildred – de son vrai nom Mildred Lisette Norman – était même particulièrement coquette, elle adorait les tenues à la mode, prendre des poses de star de cinéma sur les photos ou danser avec ses amis... Une jeune fille comme les autres, en somme, qui s'est appliquée pour décrocher un travail, s'est mariée, a acheté une maison... Tout semblait donc aller pour le mieux et pourtant, au fond d'elle, Mildred avait l'impression d'étouffer. Puis la Seconde Guerre mondiale a éclaté. Pour elle, qui avait déjà connu la première quand elle était enfant, c'est un vrai cauchemar... Ça n'en finira donc jamais ? ! Alors, quand son mari lui annonce qu'il s'engage dans l'armée, c'est la goutte d'eau, Mildred demande le divorce. Reste à savoir ce qu'elle va faire de sa vie maintenant... Elle décide de commencer par se débarrasser de ce qui l'encombre. Qui a besoin de tant de robes ? Allez, zou, une seule suffira ! Et toute cette vaisselle ? Une assiette, ça fait moins de vaisselle à laver et plus de temps pour des choses utiles, comme ce nouveau travail qu'elle vient de dégoter, où elle accompagne des personnes handicapées. Très vite, elle commence à se sentir plus légère, moins inquiète, tant et si bien qu'au bout de quinze ans, Mildred se sent tout à fait bien avec presque rien !

Une seule chose la préoccupe encore vraiment : la guerre. La Seconde Guerre mondiale est terminée maintenant, mais partout, dans les journaux, à la radio, on continue de ne parler que de guerres. La guerre froide entre son pays et l'URSS, la guerre de Corée dans laquelle son pays est en train de s'engager... C'est comme si le monde devenait fou, on ne pense qu'à s'armer, se défendre ou attaquer l'ennemi. À force de ruminer tout ça, Mildred se dit : et si j'essayais de faire quelque chose pour la paix ? C'est sûr, je n'ai pas le pouvoir d'un président mais, après tout, le goût de la paix, ce n'est pas seulement l'affaire des gouvernements, ça s'apprend dans la vie de tous les jours... Mildred a envie de tenter quelque chose : elle sera pèlerin de la paix ! Elle va marcher à travers le pays pour rencontrer le plus de gens possible et réfléchir à la paix avec eux. À quarante-cinq ans, elle abandonne tout : sa maison, sa famille, ses amis, jusqu'à son nom. Dorénavant, elle sera Peace Pilgrim et ne mangera ou ne dormira dans un lit que si une bonne âme l'y invite ! Avec seulement une brosse à dents pliante, un stylo et quelques lettres dans les poches de sa tunique, *Peace* (« Paix »), comme on l'appelle désormais, commence son long périple.

Pendant vingt-huit ans, été comme hiver, elle marche à la rencontre des autres. Elle brave des tempêtes de sable dans le désert, dort à la belle étoile dans des champs, sur une table de conférence ou dans des cellules de prison vides. Partout où elle va, sa démarche étonne. Peace accueille avec un grand sourire les questions, elle raconte son parcours. Ce qu'elle dit est simple et sonne juste, et puis elle a l'air si joyeuse, si sereine qu'on veut en savoir plus, alors elle se retrouve invitée partout. Les maîtres d'école lui demandent de venir parler avec leurs élèves, des journalistes l'interviewent pour leurs magazines, des mères de famille l'invitent à leur table pour poursuivre une discussion entamée sur le trottoir... Peace écoute, réfléchit avec chacun aux changements qu'ils pourraient faire dans leur vie pour être plus en paix. Pour l'un, peut-être commencer par arrêter de s'en vouloir pour une bêtise qu'il a faite il y a longtemps ? Pour l'autre, faire un pas vers cet ami avec qui il s'est bêtement brouillé ? Ou essayer de ne plus dire de paroles blessantes à ses enfants ? Qu'elle croise un malheureux complètement saoul à la sortie d'un bar, un camionneur esseulé dans une station-essence ou une amoureuse éconduite à un arrêt de bus, s'ils ont besoin de parler, Peace s'arrête et écoute. Et si, parfois, la discussion se prolonge toute la nuit et qu'elle doit repartir sans avoir fermé l'œil, ce n'est pas grave, c'était une belle rencontre et, qui sait, peut-être a-t-elle réussi à planter une petite graine de paix ?

Elle en a planté beaucoup de ces petites graines, en parcourant près de soixante-dix mille kilomètres à pied, presque deux fois le tour du monde. Et partout où elle est passée, Peace Pilgrim a remué les idées qui manquaient d'air, fidèle à la mission qu'elle s'est fixée : pacifier les cœurs pour pacifier la société !

PEACE
PILGRIM

— **AUSTRALIE** Né le 27 décembre 1936 —

JAMES HARRISON

« Rien ne me touche plus que lorsqu'une femme vient me dire que grâce à moi, elle a pu devenir maman. »

Au fil des années, James a gagné un drôle de surnom : « l'homme au bras d'or ». On dirait un nom de super-héros, pourtant, il ne porte pas de cape et ne réduit pas en bouillie les méchants. Mais il a tout de même un vrai pouvoir !

L'histoire commence quand il a quatorze ans. James doit subir une lourde opération. Pendant l'intervention, il perd beaucoup de sang et manque de mourir. À son réveil, son père lui explique que des inconnus lui ont sauvé la vie en donnant leur sang pour remplacer celui qu'il avait perdu. James, qui voyait de temps en temps son père aller donner son sang sans comprendre à quoi cela pouvait bien servir, mesure alors toute l'importance de ce petit geste. Il se promet que dès qu'il sera assez grand pour en avoir le droit, il donnera son sang lui aussi…

Et il tient parole. Deux jours après ses dix-huit ans, il se rend dans un centre de la Croix-Rouge. Ce n'est pas vraiment le moment le plus agréable de sa vie, il a toujours eu peur des aiguilles et déteste la vue du sang. Alors, il essaie de regarder ailleurs et de penser à autre chose… Quelques jours plus tard, il reçoit un appel étrange. Le médecin a découvert quelque chose de très spécial dans son sang. James commence à s'inquiéter mais le médecin le rassure : « Venez, je vais vous expliquer… » James l'écoute lui faire part de sa découverte : « Ici, en Australie, plus d'une femme sur dix souffre d'une maladie qui fait que son sang, au lieu de nourrir normalement le bébé qui est dans son ventre, se met au contraire à lutter contre lui pour essayer de le détruire. Et votre sang, lui, contient une sorte de vaccin naturel contre cette maladie. Si on en donne à la maman, son bébé pourra grandir normalement. » Incroyable, James n'en croit pas ses oreilles : son sang pourrait sauver des vies ?

Jusqu'à ce qu'il ait quatre-vingt-un ans et que la loi lui interdise de continuer, James brave sa peur des aiguilles et donne son sang avec la régularité d'une horloge : tous les dix-neuf jours. Mille cent soixante-treize fois en tout : un record du monde qui a sauvé la vie de deux millions quatre cent mille bébés – dont son petit-fils !

— **FRANCE** Née le 1er janvier 1960 —

LATIFA IBN ZIATEN

« Quand on a peur, on n'avance pas. »

Installée à l'arrière d'un taxi, Latifa regarde le paysage défiler, plongée dans ses pensées. De grandes barres d'immeubles grises apparaissent. Le taxi s'arrête. « On y est madame. » Latifa descend. « C'est donc ici qu'il vivait… », se dit-elle. Un peu plus loin, adossé à un mur, un groupe de jeunes est en train de fumer. Elle s'avance vers eux. Ils l'observent, pas vraiment accueillants, mais Latifa n'a plus grand-chose à perdre, alors elle se lance : « Bonjour… » Silence de plomb. Latifa poursuit : « Vous connaissez Mohamed Merah ? » En entendant ce nom, les jeunes s'animent et fanfaronnent : « Bien sûr, c'est un gars d'ici, un héros de l'islam ! » La gorge de Latifa se serre, mais elle répond calmement : « Pour moi, c'est l'assassin de mon fils. » Les visages des jeunes se figent, leurs masques de gros durs tombent.

En effet, quelques jours plus tôt, Mohamed Merah a tué Imad, le fils de Latifa, en pleine rue, en criant « Voilà ce qui arrive aux militaires qui tuent des musulmans ! » Imad était militaire, certes, mais il était aussi musulman, tout comme Latifa. À la douleur d'avoir perdu son fils s'ajoute l'incompréhension. Pour elle, islam veut dire paix, comment peut-on tuer au nom de cette religion ? Elle veut comprendre, c'est pourquoi elle est montée dans ce taxi ce matin, pourquoi elle est ici. Après avoir bafouillé de piteuses excuses, les jeunes tentent de s'expliquer : « On est désolés madame, mais vous voyez bien... Regardez où on habite... On n'a pas de vie, on est enfermés. On est comme des rats. Et les rats, madame, quand ils sont enfermés, ils deviennent enragés. » Pendant un long moment, Latifa les écoute et la réalité qu'elle découvre la touche. « Ces mômes sont paumés, songe-t-elle. Si personne ne les aide, il y aura parmi eux un autre Mohamed Merah ! » Alors, elle décide de leur tendre la main, de les écouter avant qu'il ne soit trop tard.

Depuis, Latifa visite des écoles, va dans les prisons, là où les terroristes islamistes essaient de convertir les jeunes, et partout, elle est accueillie avec un mélange d'admiration et de respect. Elle sait que son voile de deuil et la mort de son fils lui permettent de parler franc. Elle écoute les plaintes et elle les comprend. La

Illustration : Jeanne Detallante

discrimination, elle connaît, elle l'a vécue. Quand Imad est mort, les policiers lui ont tout de suite demandé s'il trafiquait de la drogue. Dans leur tête, c'était forcément un règlement de comptes entre Arabes. Latifa était ulcérée. Parce qu'elle est arabe ses enfants seraient forcément des dealers ? Non, ses cinq enfants ont un bon travail, honnête et stable. Alors elle est bien placée pour comprendre que ces clichés, si fréquents, puissent agacer et même blesser, mais elle ne supporte pas pour autant qu'on se complaise dans un rôle de victime et qu'on reste les bras croisés. Du coup, elle ne mâche pas ses mots. Quand une mère se lamente de ne pas avoir les mêmes chances que les Français « de souche » pour trouver un logement ou un travail, elle répond du tac au tac : « C'est vrai. Il faudra sûrement frapper à plus de portes que d'autres, mais il y en a une qui finira par s'ouvrir. Il faut se battre pour forcer sa chance. » Et son discours parle. Les gens l'écoutent. À la fin de ses conférences, beaucoup viennent la trouver et il n'est pas rare de voir de grands gaillards fondre en larmes. Latifa les prend dans ses bras et distribue sa carte sans compter : « Si tu as un coup de mou, tu m'appelles, hein ? »

Résultat, son téléphone sonne tout le temps ! Entre deux conférences, elle se débrouille pour répondre à tout le monde, prendre des nouvelles des uns et des autres. La tâche est énorme, Latifa n'arrête pas. Ses enfants ne la voient plus passer qu'en coup de vent, mais ils sont fiers de la façon dont elle a transformé son chagrin. Rien ne comblera jamais l'absence d'Imad, mais : « Mon fils est mort debout, dit-elle, je ne pouvais pas rester assise. Pour moi, c'est important qu'il ne soit pas mort pour rien. »

— **FRANCE** Né le 11 septembre 1990 —

MATHIEU LECHER

« Être soignant, c'est un travail qui rend humble et ouvre les yeux sur l'importance de la vie. »

Il est 6 heures. Mathieu se lève sans bruit pour ne pas réveiller sa femme et son petit Oscar qui dort à côté, et il part alors que le soleil se lève à peine. Il est infirmier en réanimation, et depuis deux mois, l'hôpital où il travaille est sens dessus dessous. L'équipe médicale doit faire face à une épidémie sans précédent : la COVID-19, une maladie causée par un virus mal connu qui peut être très grave pour les plus fragiles. Face à l'afflux incessant de patients, il a fallu improviser. De neuf lits, son service est passé à trente-cinq lits, installés un peu partout, dans les blocs opératoires, les unités d'urgence, et le rythme est devenu infernal. Mathieu le sait, dès qu'il aura posé un pied dans son service, il n'aura pas le temps de souffler pendant les quatorze prochaines heures. Alors, avant de plonger dans la tornade, il rassemble ses forces. Il se lave soigneusement les mains, enfile sa tenue d'infirmier et, souvent, il pense à son père, mécanicien en usine, qui le poussait à faire de la mécanique. Après des semaines d'une lutte acharnée contre ce fichu virus, pour la première fois Mathieu s'est surpris à envier son père. Ce serait tellement plus simple de voir ses patients comme une mécanique à réparer, et non comme des hommes et des femmes qui souffrent. Seulement voilà, lui a choisi de soigner des êtres humains.

Son petit cérémonial de préparation terminé, Mathieu franchit la porte de son premier patient du jour. L'homme, la cinquantaine, semble profondément endormi. Il est plongé dans le coma, un sommeil artificiel. Un tube enfoncé dans sa bouche le relie à un appareil qui ressemble à un grand accordéon, et se plie et s'étire pour l'aider à respirer. Mathieu se demande souvent ce que ressentent les malades dans cet état, sont-ils conscients de ce qui se passe autour d'eux ? Lui agit toujours comme s'ils l'étaient. Il salue son patient par son nom, et ouvre grand les volets pour laisser le jour envahir la pièce, afin qu'il continue à sentir le rythme du jour et de la nuit. Puis il vérifie tous les indicateurs, la température, le rythme du cœur et, tout doucement, il commence à faire sa toilette. Il lui nettoie la bouche, puis il le rase de près et, avec son aide-soignant, ils le tournent délicatement pour masser le bas de son dos et ses jambes, endoloris à force d'être immobiles. Une fois son patient tout propre, il redresse légèrement le dossier du lit, surélève ses bras avec des oreillers et, d'un coup d'œil expert, jauge si tout va bien. L'homme n'a pas bougé d'un cil. Pourtant, avant de quitter la chambre, Mathieu allume la télévision sur une chaîne musicale. Une façon de le raccrocher au monde des vivants.

Mais durant quatre interminables semaines, malgré tous leurs soins et toutes leurs attentions, Mathieu et ses collègues ne constatent pas la moindre amélioration chez leurs patients. Entre épuisement et désespoir, le moral des troupes s'en ressent. Ceux qui sont venus d'autres services pour prêter main forte, avec la meilleure volonté du monde, ont pour la plupart craqué. Mathieu ne leur en veut pas, les soignants ne sont pas des machines et, devant tant de souffrances, il sait combien c'est dur de tenir parfois. Pourtant lui a tenu, et il n'oubliera jamais ce jour où un médecin l'a appelé pour lui annoncer enfin une bonne nouvelle : un de ses patients commençait à mieux respirer, ils allaient pouvoir lui retirer son tube pour le laisser respirer seul ! Mathieu n'osait plus y croire ! Se réveiller d'un coma de plusieurs semaines est déjà un grand chamboulement, mais en l'absence de famille – interdite de visite à cause du risque de contamination –, où trouver du réconfort ? C'est Mathieu qui est resté près de lui, tenant sa main dans la sienne. Il était submergé par l'émotion : son premier « patient COVID » était en train de revenir à la vie ! Quelques semaines plus tard, après des hauts et des bas, ce patient lui réservera une autre belle surprise. Pouvant enfin parler, il lui dira : « Vous, je vous reconnais. » Et il lui racontera tout ce dont il se souvient de son coma. Il lui décrira même un drôle de rêve qu'il faisait, avec des animaux mal en point qui se nourrissaient d'herbe flétrie, et dont les couleurs s'affadissaient jour après jour, jusqu'à devenir blanches peu avant son réveil. Les animaux avaient alors retrouvé toute leur vigueur et l'herbe avait laissé place à des fleurs ! Mathieu n'en est toujours pas revenu. C'est la première fois qu'un de ses patients se souvient !

Dès lors, c'est un peu comme si la roue avait commencé à tourner. Après ces semaines de cauchemar où, malgré des efforts incessants, bien des patients n'ont pu être sauvés, de nombreux malades commencent à reprendre pied. Mathieu se fait une joie de tenir le téléphone devant eux pour qu'ils puissent enfin voir leur famille. Ils n'ont pas encore la force de parler mais l'émotion se lit dans leur regard. Des moments qui, pour Mathieu, valent bien toutes les fatigues du monde ! Parfois, quand il arrive à rentrer chez lui assez tôt, sur son vélo, Mathieu entend les gens applaudir aux balcons et aux fenêtres, et ça lui met du baume au cœur. Comme les gâteaux que prépare la voisine d'un des médecins, ou toutes ces denrées que des inconnus apportent pour l'équipe. Face à tous ces gestes de solidarité, il ne peut s'empêcher de penser : « Cette épidémie nous aura tous changés mais maintenant, est-ce qu'on va réussir à tirer les leçons de tout ça ? Si seulement cela pouvait nous permettre d'avancer vers un monde plus respectueux de la vie ! » Après quoi, comme porté par cet espoir, il repart, pédalant de plus belle.

— **NOUVELLE-ZÉLANDE** 10 mars 1847 • 13 juillet 1934 —

KATE SHEPPARD

« Nous, les femmes, sommes fatiguées de nous entendre dire que certaines choses ne nous concernent pas. »

Kate vit en Nouvelle-Zélande avec son mari Walter. Elle a de la chance, il est gentil et prévenant, et bientôt, elle met au monde un beau petit garçon. Elle pourrait, comme la plupart des femmes de son époque, passer ses journées à prendre soin de son bébé et de leur maison mais c'est plus fort qu'elle, Kate s'intéresse à tout ce qui l'entoure. Elle lit les journaux et suit avec intérêt les décisions du gouvernement néo-zélandais. Le soir, quand Walter rentre, elle adore discuter avec lui des lois votées par le gouvernement ou de celles qu'elle souhaiterait. Elle ne manque pas d'idées mais, quand elle essaie d'en parler lors de dîners en ville, on lui répond sèchement que ce ne sont pas des sujets de conversation pour une femme ! Kate ne comprend vraiment pas pourquoi son univers devrait se limiter aux quatre murs de sa maison, comme si tout le reste ne la concernait pas.

Avec quelques femmes qu'elle parvient à convaincre, Kate se lance dans une véritable révolution : obtenir le droit de vote pour les femmes. Elle contacte la presse et organise des débats dans tout le pays. Seule à la tribune, elle a le cran de faire face aux hommes qui l'insultent. Beaucoup vont jusqu'à la malmener dans la rue, avec toujours les mêmes arguments ridicules : « La nature a conçu les femmes pour faire la lessive, préparer le dîner de leur mari et s'occuper des enfants ! » Kate préfère en rire...

Partout, elle propose aux gens de signer une pétition pour prouver au gouvernement qu'ils sont favorables au droit de vote des femmes. À quatre reprises elle échoue : la pétition qu'elle présente au Parlement n'obtient aucun effet. Qu'à cela ne tienne, le cinquième essai sera le bon. Elle réussit à obtenir plus de 32 000 signatures ! Pour transporter la pétition, Kate colle toutes les feuilles entre elles et les enroule sur le manche d'un balai. Une fois arrivée au Parlement, elle la déroule sous les yeux effarés des parlementaires : étalée sur le sol comme un tapis, la pétition est plus longue que quatre avions de ligne ! L'effet est tellement saisissant que les parlementaires ne peuvent plus ignorer que Kate a fait basculer l'Histoire. C'est gagné : la Nouvelle-Zélande sera le premier pays au monde à reconnaître le droit de vote aux femmes !

— **FRANCE** 28 octobre 1944 • 19 juin 1986 —

COLUCHE

« C'est pas vraiment de ma faute si y'en a qui ont faim, mais ça le deviendrait si on y changeait rien. »

Avec son nez barbouillé de rouge, sa salopette rayée et sa silhouette rebondie, Coluche – Michel Colucci de son vrai nom – a choisi de faire rire. À la radio, à la télévision, dans des salles de spectacle bondées, il déclenche l'hilarité pendant presque vingt ans. Il ose tout, se moque de tous. Les hommes, les femmes, les racistes, les Noirs, les Belges, les Suisses, les policiers, les chômeurs, les hommes politiques... tout le monde en prend pour son grade ! Certains grincent des dents, d'autres le trouvent vulgaire mais, au fil des spectacles, se dessine une critique de la société qui ne laisse personne indifférent. « Pour critiquer les gens, il faut les connaître, et pour les connaître il faut les aimer », a-t-il coutume de dire. Et ça se sent. Ceux qui l'ont bien connu disent de lui qu'il était un cocktail détonant : « Il pouvait se montrer grossier, insolent, insupportable mais c'était le type le plus charitable que j'aie rencontré ! »

Si Coluche aime les gens, il déteste l'hypocrisie. Il a gardé de son enfance le souvenir cuisant de Monette, sa mère, le déguisant avec des vêtements chics pour cacher la honte d'être pauvre. Ce souci des apparences, il l'a banni à tout jamais. En revanche, la pauvreté, il ne l'a jamais oubliée. « Quand j'étais petit à la maison, le plus dur c'était la fin du mois, surtout les trente derniers jours », plaisante-t-il. Mais, au fond de lui, il n'a jamais pu se résoudre à cette injustice qui veut que certains aient tout pendant que d'autres n'ont rien.

Devenu riche et célèbre, alors qu'il vient de faire un chèque de trois millions de francs aux impôts, il prend un ami à témoin : « Tu te rends compte, avec tout le pognon que je donne, si tous les mecs qui ont du blé comme moi s'y mettaient, on pourrait régler le problème ! » L'idée fait son chemin et le 26 septembre 1985, sans avoir prévenu personne, il lance un appel pendant une émission de radio : « S'il y a des gens qui sont intéressés pour sponsoriser une cantine gratuite et donner à manger à ceux qui ont faim, nous, on est prêts à les aider... » Le standard de la radio n'arrive pas à faire face à tous les appels ! Galvanisé par ces premières réactions, Coluche se démène. Pendant tout l'hiver, il va frapper aux portes de ses amis

fortunés, explique, convainc, organise. Et ses efforts paient : cinq mille bénévoles le suivent et l'aident à distribuer pas moins de huit millions et demi de repas ! C'est le début des « Restos du cœur ». Mais Coluche ne veut pas en rester là, il sait que les pays européens produisent plus de lait ou de blé que ce qui peut être vendu et que tout le surplus est stocké. Il fait des pieds et des mains pour convaincre la Communauté européenne d'en faire don à des associations comme la sienne. Et à force d'opiniâtreté, il y parvient ! Puis, en découvrant que beaucoup des dons qu'il reçoit viennent de personnes qui ont peu de moyens, il veut faire voter une loi pour que ces dons puissent être soustraits de leurs impôts. Cette loi finira par être votée et portera son nom, mais Coluche ne sera plus là pour le voir. Lui qui s'était aussi moqué de sa propre mort en disant « Si j'ai l'occasion, j'aimerais mieux mourir de mon vivant » a été exaucé, il meurt dans un accident de moto à l'âge de quarante-deux ans, la tête pleine de projets.

Aujourd'hui, plus de trente ans après sa mort, « les Restos du cœur » continuent d'offrir plus de cent trente-trois millions de repas par an à ceux qui, sans cela, ne mangeraient pas.

— **LIBÉRIA** Née le 1er février 1972 —

LEYMAH GBOWEE

« Quand ceux qui se croyaient impuissants réalisent qu'ils peuvent changer les choses, plus rien ne peut les arrêter ! »

Pour échapper à la violence qui ravage son pays, le Libéria, Leymah est partie se réfugier au Ghana, un pays voisin. Mais très vite, elle découvre que la violence peut avoir mille visages et se cacher derrière celui de l'homme qu'on aime. Son mari s'est mis à boire et il la frappe. Après des années à se faire maltraiter, Leymah a perdu toute confiance en elle. Ce qui la tourmente le plus, ce sont ses trois enfants. Elle voudrait les mettre à l'abri, mais il lui est impossible de partir. Comment les ferait-elle vivre, elle qui ne se sent plus bonne à rien ? C'est alors qu'elle apprend que la guerre au Libéria est terminée, et qu'une organisation internationale forme des femmes pour venir en aide aux personnes traumatisées par la guerre. Prendre soin des victimes de la violence ? Essayer de réparer les dégâts qu'elles ont subis ? De ça, oui, elle se sent capable ! Alors Leymah saisit sa chance : elle embarque ses trois enfants, négocie quatre billets à crédit et grimpe dans un car pour rentrer au Libéria.

De retour chez ses parents, elle démarre sa formation. Elle lit et étudie toutes les nuits, à la lueur d'une bougie, pendant que ses petits dorment à côté d'elle. Après trois mois de travail obstiné, elle est prête pour commencer. Pendant deux ans, Leymah écoute des enfants-soldats et des femmes lui raconter les horreurs qu'ils ont vécues. Elle les soutient, essaie d'aider les uns à se pardonner, les autres à se reconstruire... Cependant, alors qu'elle lutte de toutes ses forces pour réparer les atrocités de la guerre, un nouveau conflit éclate. Des groupes de rebelles tentent de chasser le nouveau président qui s'est révélé être un dictateur, et le pays sombre une nouvelle fois dans la guerre civile.

Cette fois, Leymah ne fuit pas. Elle a vu trop de courage chez tous ceux qu'elle a rencontrés, elle refuse de les abandonner. Elle dirige un groupe de réflexion où les femmes peuvent exprimer leur horreur de la guerre et réfléchir ensemble à une paix possible. Elles sont de plus en plus nombreuses à y assister. En voyant la foule qui l'entoure, un soir, Leymah prend la parole : « Il est temps de nous faire entendre des hommes. Ils ne nous prennent pas au sérieux ? Ils pensent que nous ne sommes bonnes qu'à leur faire des câlins ? Puisque c'est comme ça, mettons-nous en grève : plus de sexe jusqu'à ce qu'ils nous écoutent et arrêtent de se battre ! » Du jour au lendemain, des milliers d'hommes se voient refuser l'amour de leurs femmes et les journaux du monde entier commencent à parler du combat de Leymah et de ses amies…

Mais la guerre ne cesse pas pour autant. Le président, bien qu'attaqué de toutes parts par des groupes de rebelles, refuse toute négociation. Leymah propose alors aux femmes de se rassembler dans les rues de Monrovia, la capitale, pour lui montrer leur détermination. C'est très risqué, car tous ceux qui osent s'opposer au dictateur peuvent à tout moment se faire arrêter ou même se faire tuer. Pourtant, des milliers de femmes sortent tous les jours, vêtues d'un T-shirt blanc, et s'assoient dans les rues, priant ensemble pour demander la paix. Pour que le président les voie bien, elles occupent même un terrain de foot près de son palais, devant lequel il est obligé de passer matin et soir. Au bout de plusieurs mois, enfin, le président craque et accepte de les recevoir. Leymah se rend au palais, accompagnée de deux mille femmes. Elle seule a le droit d'entrer. Elle n'en mène pas large mais elle dit ce qu'elle a à dire : « Nous sommes fatiguées de la guerre. En tant que gardiennes de la société, nous vous demandons, pour nos enfants et leur avenir, d'y mettre un terme. » Et, contre toute attente, le président accepte de rencontrer les chefs des rebelles pour trouver un accord !

C'est un grand pas mais Leymah a appris à se méfier, elle suit les négociations de près. Avec deux cents femmes, elle fait le voyage jusqu'au Ghana, un pays voisin où les chefs se retrouvent dans un hôtel pour discuter, et attend patiemment que la rencontre porte ses fruits. Les semaines passent et les négociations piétinent. Voyant que la situation s'embourbe, Leymah tente le tout pour le tout. Elle demande aux femmes qui sont avec elle de s'allonger devant la porte de l'hôtel pour bloquer la sortie. Puis elle fait transmettre un message à l'intérieur : « Personne ne sortira tant qu'un accord de paix ne sera pas conclu ! » Les chefs ricanent mais, quand ils essaient de sortir, les femmes font rempart en se tenant par la main, et alors que les chefs s'avancent pour forcer le passage, Leymah fait mine de se déshabiller, aussitôt imitée par les autres femmes. Tous les chefs font un bond en arrière car, traditionnellement, au Libéria, lorsqu'une femme se déshabille en public, on croit qu'elle jette une malédiction sur ceux qui la voient. Ils rentrent précipitamment et ne ressortiront qu'une fois l'accord signé. La guerre est terminée !

Et Leymah, qui croyait pourtant avoir perdu toute confiance en elle, a si bien su redonner espoir aux femmes de son pays qu'aux élections suivantes, c'est une femme qui sera élue à la tête du Libéria. La première femme présidente d'Afrique !

ANNE PERRIN & FLORIAN GASSMANN

« On n'a pas pu partir, on était avec eux dans cette histoire. »

Anne et Florian ont toujours rêvé de découvrir l'Asie. Ils ont organisé chaque détail de leur voyage. Quand, enfin, les vacances arrivent, ils s'envolent, direction les plages de sable fin d'Indonésie ! Mais, alors qu'ils viennent d'arriver sur une petite île appelée Gili Meno, la terre se met à trembler sous leurs pieds, les murs des maisons s'écroulent, partout des gens crient, courent, tombent… Lorsque les secousses s'arrêtent enfin, partout autour d'eux, c'est le chaos. En quelques minutes, l'île a été dévastée, des centaines de personnes sont blessées et toutes viennent de perdre leur toit. Dans la panique générale, une foule de touristes et d'habitants terrorisés cherchent à fuir. C'est aussi le premier réflexe d'Anne et Florian : quitter cet enfer ! Mais, sans un mot, un jeune Indonésien va les faire changer d'avis. Il ne fuit pas, lui, au contraire, il roule en sens inverse pour apporter des vivres et des médicaments dans son village. En le voyant, Anne et Florian s'immobilisent. Ils pensent à l'hospitalité de tous ceux qu'ils ont rencontrés ici… Maintenant que les habitants de l'île ont besoin d'aide, ils partiraient poursuivre leurs vacances ailleurs ? Non, ils vont rester, voir ce qu'ils peuvent faire. Il faut des médicaments, de la nourriture, des couches et donc de l'argent. Anne et Florian ont épuisé leurs économies, ils écrivent un mail à leurs proches et mettent en place une cagnotte sur internet. En quelques jours, ils reçoivent plus de trois mille euros ! De quoi acheter deux tonnes de nourriture et une tonne et demie d'eau potable ! Ils se débrouillent pour se faire prêter un camion et partent sur les routes défoncées. Les journées sont trop courtes, alors pendant deux semaines ils roulent nuit et jour pour ravitailler les camps et les villages isolés. Où qu'ils aillent avec leur précieuse cargaison, on les accueille avec une chaleur et une dignité qui les touchent profondément. Le temps semble suspendu, comme ce jour où des centaines d'enfants, d'hommes et de femmes ont patiemment défilé pour les remercier en leur serrant la main.

Quand ils rentrent en France, ils sont épuisés mais heureux : ils ont réussi à secourir plus de vingt mille personnes ! Chaque visage est gravé dans leur mémoire. C'est sûr, dès qu'ils le pourront, ils repartiront.

FOOD
FOOD

— **POLOGNE** 8 janvier 1894 • 14 août 1941 —

MAXIMILIEN KOLBE

« Je serai prêt à tout par amour. »

Il n'a que dix ans lorsque sa mère, excédée de le voir si turbulent, s'écrie : « Mais qu'est-ce qu'on va faire de toi ? » Maximilien est vexé et, comme souvent quand il cherche le calme, il va à l'église. Là, seul dans le silence, il réfléchit. Et sa façon de répondre à la question de sa mère est une promesse qu'il se fait à lui-même : je ferai tout pour devenir meilleur de jour en jour.

Maximilien grandit et devient prêtre, un prêtre qui vit avec son temps. Très vite, il se retrouve à la tête d'un couvent assez spécial : c'est le plus grand du monde, et peut-être aussi le plus moderne. En pleine campagne polonaise près de Varsovie, il rassemble plus de sept cents prêtres qui ont adhéré à une idée originale de Maximilien : créer un journal et une station de radio pour parler de Dieu dans un langage simple. Son journal rencontre rapidement un tel succès que les murs de son couvent ne peuvent plus contenir toutes les machines nécessaires à l'impression. Progressivement, le couvent devient un village, puis une ville, et son journal fait des petits : il en dirige plusieurs, dont un destiné aux enfants… Son exigence et sa gaieté sont communicatives et, à le voir travailler sans relâche, personne ne peut deviner qu'une maladie grave l'épuise en l'empêchant de bien respirer. Sa mission est si importante pour lui qu'elle lui donne de la force et du courage pour mille !

Quand la Seconde Guerre mondiale éclate et que l'armée allemande envahit son pays, beaucoup de Polonais sont arrêtés ou tués. Voyant tant de gens menacés, Maximilien ouvre les portes de sa ville-couvent à de nombreux réfugiés pour les y cacher. Tous le mettent en garde, en lui expliquant que ses journaux risquent de le mener en prison, voire pire, de lui coûter la vie. Mais Maximilien est convaincu qu'en cette période d'atrocités et de haine, il est plus que jamais nécessaire de diffuser un message d'amour et de paix. Alors, malgré le danger, il continue d'écrire et de publier, avec plus d'ardeur encore. Un jour, comme il s'y attendait, des officiers allemands viennent le chercher. Maximilien les suit sans protester. On le jette dans un wagon destiné au transport du bétail, rempli à craquer de prisonniers. Serré debout

contre les autres, il traverse une partie de la Pologne, avant d'être débarqué dans un lieu effrayant sorti de l'imagination nazie : le camp de concentration d'Auschwitz. Un officier l'accueille à coups de crosse, un soldat lui rase la tête, un autre lui tatoue sur le bras le numéro 16670, ce sera désormais son seul nom. Horrifié, Maximilien découvre qu'ici tout est organisé pour tuer le maximum d'hommes, de femmes et même d'enfants. Les nazis ont décidé d'exterminer tous les Juifs et tous ceux qui s'opposent à leur projet. C'est pire que le pire des cauchemars ! Impuissant à sauver ses compagnons, Maximilien essaie de les soutenir, de leur redonner espoir. Ils sont affamés, il partage son pain. Ils sont épuisés, il fait leur travail à leur place. Le jour, Maximilien transporte les corps des morts. La nuit, il rejoint ses compagnons dans de grands hangars qu'on appelle des « blocks » où, entassés les uns contre les autres, ils tentent de dormir.

Un matin, les soldats s'aperçoivent qu'au block 14 un prisonnier a disparu. C'est le block de Maximilien. En cas d'évasion les représailles sont connues : dix hommes du block seront condamnés à mourir de faim et de soif. Un soldat aboie les dix numéros des condamnés, choisis au hasard. Maximilien n'est pas dans la liste. Mais en entendant le sien, François, son voisin, pleure en silence. Maximilien devine pourquoi : François pense à sa femme et à ses enfants. Tout va très vite dans sa tête, lui n'a pas d'enfants, il n'a qu'une seule chose : sa vie. Et cette vie peut lui permettre de sauver François... Alors, il ôte son béret et s'avance vers l'officier. D'une voix posée, il demande à prendre la place de ce père de famille. L'officier, stupéfait, le dévisage. Plus personne n'ose bouger. L'officier hésite, mais le courage et le calme de cet homme qui se propose de mourir à la place d'un autre l'impressionnent. Il accepte l'échange.

Maximilien et ses neuf compagnons sont emmenés au sous-sol d'un autre block appelé le « block de la mort ». On les déshabille et on les jette dans une petite cellule, sans fenêtre. Voyant la porte se refermer sur eux, les hommes pleurent, hurlent, tambourinent rageusement. Les geôliers sont habitués, au block de la mort les prisonniers sont pris de folie, parfois même ils s'entretuent. Pourtant, cette fois, ils vont assister à un tout autre spectacle. Maximilien va de l'un à l'autre, il leur parle à voix basse. On ne saura jamais ce qu'il leur dit mais, peu à peu, ils se calment. Les jours suivants, autour de Maximilien, une étonnante atmosphère règne. Il prie, il chante et parfois ses compagnons se joignent à lui. Ils vont mourir les uns après les autres et, pendant près de quinze jours, Maximilien va les accompagner, aidant chacun à mourir le plus paisiblement possible. Quand il ne reste plus que lui et trois de ses compagnons, un officier entre dans la cellule, une seringue à la main. Maximilien est à genoux. Voyant l'officier, il comprend et, sans interrompre sa prière, il tend son bras pour qu'on y plante la seringue de poison. Puis il se laisse glisser le long du mur, et meurt.

Bien des années plus tard, le 10 octobre 1982, le pape Jean-Paul II déclarera Maximilien saint et martyr. Ce jour-là, dans la foule, François sera là, avec ses enfants.

— **ÉTATS-UNIS** Née le 8 septembre 1954 —

RUBY NELL BRIDGES

« Lorsque vous vous aventurez sur une nouvelle route avec conviction, la seule chose qui peut vous arrêter, c'est vous ! »

Le jour de la rentrée des classes, c'est toujours un grand moment. On a hâte de retrouver ses copains, et en même temps on est un peu nerveux. Est-ce que la nouvelle maîtresse sera gentille ou sévère ? Est-ce qu'on arrivera à se faire de nouveaux copains ? Ruby, elle, a un tout autre défi à relever. Elle s'apprête à être la première élève noire à aller dans une école de Blancs. Car là où elle vit, en Louisiane, dans le sud des États-Unis, la loi interdisait jusqu'à présent aux Noirs de fréquenter les mêmes endroits que les Blancs. C'est ce qu'on appelait la ségrégation.

Quand Ruby a juste six ans, la justice de son pays, espérant mettre fin à la ségrétation dans les États du Sud, leur impose une nouvelle loi autorisant enfin les élèves noirs à intégrer des écoles de Blancs. Ruby, qui est encore à la maternelle, doit passer des tests, comme tous les élèves noirs de la ville, pour voir si elle a le niveau. Les tests sont difficiles. Six élèves réussissent, et Ruby est de ceux-là. Elle est fière mais son père, lui, n'a pas l'air enthousiaste du tout. Elle l'entend parler avec sa mère. « C'est une folie, tu sais bien comment les Blancs traitent les Noirs qui ne restent pas à leur place… » Sa mère doit batailler : « Ruby aura une chance que ni nous ni nos parents n'ont eue : un avenir ! » Finalement, la question est tranchée : Ruby ira, mais sous protection. Comme aucun policier de la ville n'accepte de l'accompagner, le gouvernement se retrouve obligé d'envoyer ses propres agents, rien que ça ! Ruby ne voit pas du tout pourquoi, pourtant, le jour de la rentrée, alors qu'elle s'est faite toute belle et s'apprête à partir pour l'école, elle découvre quatre hommes en costume devant sa porte. Comme ils ont l'air sérieux ! Encadrée par ces quatre armoires à glace qui font plus de deux fois sa taille, Ruby part.

À son arrivée devant l'école, des dizaines et des dizaines de Blancs sont là, avec des pancartes, à crier et à jeter des choses. Il y a une telle agitation que Ruby ne comprend pas ce qu'ils disent et s'étonne : « Tiens, on dirait que c'est Mardi gras, c'est drôle, ils sont en train de faire la fête. » En entrant dans l'école, elle croise un flot de parents qui ressortent en tirant leur enfant par la manche. « Pourquoi s'en vont-ils, se demande-t-elle, la classe va bientôt commencer ! »

Mais en guise de classe, Ruby va passer sa première journée dans le bureau de la directrice. Toute l'école est en ébullition. Petit à petit, Ruby comprend ce qui se passe : les parents blancs menacent de retirer leur enfant de l'école, pour protester contre la présence d'une enfant noire ! Les maîtresses aussi lui tournent le dos, refusant de la prendre dans leur classe. Toutes, sauf une, Mme Barbara Henry.

Grâce à elle, le deuxième jour, Ruby peut enfin aller en classe. Une drôle de classe, car elle est toute seule avec sa maîtresse ! Mais Mme Henry fait comme si de rien n'était et commence sa leçon. Quand vient l'heure de la récréation, Ruby entend les enfants des autres classes sortir dans la cour. Tout le monde joue, crie, mais elle n'a pas le droit d'y aller. « C'est pour éviter qu'il ne t'arrive des problèmes », lui explique sa maîtresse. Au déjeuner, c'est pareil, elle n'a pas le droit de rejoindre les autres à la cantine. De toute façon, Ruby n'a pas trop faim. Ce matin, au milieu de l'attroupement qui l'attendait devant l'école, une femme lui a crié qu'elle allait l'empoisonner. À cause de cela, les agents qui l'escortent lui ont expliqué que dorénavant, elle ne devrait plus rien manger d'autre que ce que sa maman lui prépare. Chaque matin, Ruby doit s'armer de courage pour franchir la foule devant l'école. Pour ne pas entendre les injures et les menaces, elle se bouche les oreilles et essaie de penser à autre chose, comme sa maman le lui a conseillé. Ses gardes du corps n'en reviennent pas de voir ce petit bout de fille avancer si vaillamment sous les huées, jour après jour. Ruby ne se plaint pas, elle ne pleure jamais. Pourtant, elle a peur. Elle repense parfois à cette dame qui a brandi juste sous son nez une poupée noire dans un petit cercueil. Elle en fait des cauchemars. Parfois, elle en parle à un psychologue, à qui elle peut tout raconter, et ça l'aide à tenir le coup. Pendant un an, les journées se suivent et se ressemblent. Ruby les passe en tête à tête avec Mme Henry, cloîtrée dans la classe du matin au soir. Même pour aller aux toilettes, elle ne peut pas traverser le couloir sans ses gardes du corps.

À la fin de la première année, le courage de Ruby finit par payer. Voyant qu'elle n'abandonnera pas, peu à peu, les manifestations devant l'école commencent à se calmer. Pour sa seconde rentrée, Mme Henry n'est malheureusement plus là mais les agents qui la protégeaient non plus, Ruby n'en a plus besoin. Elle est heureuse, elle peut enfin aller à l'école toute seule et espérer se faire des copains comme n'importe quel enfant. Elle ne le sait pas encore, mais grâce à sa détermination, de nombreux autres enfants noirs pourront faire comme elle.

GO HOME NEGROES
WHITES ONLY!
NIGGER
DEPUTY US MARSHAL

— **SYRIE / ALLEMAGNE** Yusra : née le 5 mars 1998 • Sarah : née en 1996 —

YUSRA & SARAH MARDINI

« Nous voulons montrer à tous les réfugiés qu'après la douleur, après la tempête, vient le calme. »

L'histoire commence dans les vagues de la mer Égée. Plus exactement aux abords d'une plage turque. Yusra n'a que dix-sept ans, Sarah dix-neuf et, ensemble, elles s'apprêtent à fuir la guerre qui a détruit leur maison et tout ce qu'elles connaissaient en Syrie. Elles ont payé une fortune un passeur qui, en échange, doit leur faire traverser la mer. Cela fait quatre jours qu'avec dix-huit autres personnes, elles attendent son signal, cachées dans une forêt. Quatre jours sans manger. Quand, enfin, à la nuit tombée, elles aperçoivent la lumière du passeur, elles s'élancent vers la plage. À la vue du canot, elles s'immobilisent : il est minuscule et peut à peine contenir six personnes ! Mais le passeur s'énerve, il faut faire vite, alors, à contrecœur, les vingt passagers s'entassent dans le canot. Yusra se serre contre sa sœur, et, poussivement, l'embarcation s'enfonce dans l'obscurité. La mer est sombre, la côte s'éloigne, puis disparaît. Yusra ne distingue plus la moindre lumière quand, soudain, le moteur se met à tousser et s'arrête. Immobile dans les vagues, le canot est si lourd qu'il commence à prendre l'eau. C'est l'horreur, la plupart des passagers ne savent pas nager ! Au milieu des cris et des pleurs, Yusra et Sarah sautent à l'eau. En Syrie, avant la guerre, elles suivaient un entraînement intensif de natation. Sous le regard angoissé des passagers, les deux sœurs tentent de pousser le canot. Pendant plus de trois longues heures, elles le poussent droit devant elles, luttant contre la douleur qui s'installe dans leurs muscles, contre le froid et l'épuisement… Mais elles réussiront l'impossible : amener tout le monde sain et sauf en Grèce, là où ils devaient arriver !

Suite à son exploit, Yusra sera repérée par un entraîneur de natation allemand et pourra reprendre son entraînement. Un an plus tard, elle sera sélectionnée pour les Jeux olympiques, dans la première équipe d'athlètes réfugiés. Un honneur qu'elle portera haut et fort au nom de tous les déracinés, tandis que Sarah choisira de revenir sur l'île grecque où elles sont arrivées, pour mettre ses talents de sauveteuse au service d'autres réfugiés.

— **ARGENTINE** Né le 4 juillet 1940 —

MIGUEL ANGEL ESTRELLA

« La musique est un langage universel, elle est destinée à tous. »

Miguel était un grand pianiste, reçu partout et applaudi sur toutes les scènes du monde. Et pourtant le voilà dans une prison au nom déroutant : *Libertad* – Liberté. Son crime ? Il a joué de la musique pour les pauvres ! Difficile à croire, et pourtant… Dans son pays, l'Argentine, à cette époque, le pouvoir a été pris de force par des militaires, et ils sont prêts à tout pour le garder. Pour eux, ceux qui cherchent à éveiller le peuple sont dangereux. Miguel l'est d'autant plus qu'il est célèbre et qu'il pourrait lors d'un de ses voyages raconter les horreurs qui se passent dans son pays. Alors, comme trente mille autres « opposants » à la dictature militaire, il a été enlevé et emprisonné.

Cela fait trois ans maintenant. Chaque fois que la porte de sa geôle s'ouvre, Miguel s'arme de courage, il sait ce qui l'attend. Il suit ses geôliers dans une petite pièce sombre, et là, comme chaque jour, on l'attache et on le frappe, encore et encore. On s'acharne sur ses mains, ce qu'il a de plus précieux, lui, le pianiste. Miguel lutte pour ne pas s'évanouir. Dans sa tête, il entend de la musique, et pas n'importe laquelle, un adagio du grand compositeur Jean-Sébastien Bach, il essaie de s'y accrocher, de se souvenir de chaque note. Ses geôliers lui brisent les mains mais Miguel est ailleurs, avec ceux qu'il aime… Il se revoit petit, accompagnant son père pendant ses tournées dans les villages les plus reculés. Il a dix ans et ses doigts courent sur le clavier pendant que son père donne vie à ses marionnettes. Sa mémoire est pleine des visages émerveillés de ces paysans qui les écoutent. Il se revoit plus tard, au milieu d'un bidonville avec sa femme Marta, elle chantant et lui jouant du piano devant un attroupement de mômes éberlués. Il revoit leur joie…

Miguel a les yeux bandés, il ne voit pas les hommes qui le frappent, mais il reconnaît leurs voix. Avec son oreille affûtée de musicien, il les reconnaît toutes. Il en a compté vingt-deux différentes depuis qu'il est ici, mais les seules qui comptent pour lui, celles qui l'aident à tenir, ce sont les voix qu'il entend dans sa tête, celles des siens. La voix douce de sa professeure de piano qu'il entend lui dire : « Tiens bon, mon garçon. » Et celle de sa femme, morte quelques années

plus tôt, qui lui répète cette phrase étrange : « Tu es des milliers, mon amour ! » En effet, Miguel ne le sait pas mais, à l'extérieur, un immense mouvement de solidarité s'est mis en place pour essayer de le faire libérer. Un de ses amis remue ciel et terre depuis trois ans pour alerter les gens. Il a créé des comités de soutien aux États-Unis, au Mexique, en Grèce, en Espagne, en France et, avec le soutien de nombreuses célébrités, il finit par obtenir l'impossible : Miguel est libéré !

À sa sortie, il est très affaibli. Ses mains ont été piétinées, matraquées, électrocutées. En bon Argentin fan de football, il dira qu'elles étaient « gonflées comme des ballons ». Tout le monde lui conseille de poursuivre ses geôliers en justice, mais Miguel n'a pas soif de vengeance, il a soif de vivre. Ses deux enfants l'attendent et c'est tout ce qui compte pour lui, être un bon père pour eux. Et la musique, bien sûr ! Pendant ces trois longues années, il a tenu bon et il sait qu'il le doit à la musique. C'est cette force qu'elle lui a donnée qu'il voudrait aujourd'hui partager avec ceux qui en ont le plus besoin. Alors, comme il n'est plus le bienvenu chez lui, il part avec ses enfants en France et là, plus motivé que jamais, Miguel reprend ses cinq heures d'entraînement quotidien. Petit à petit, il retrouve sa souplesse, les notes recommencent à s'envoler, fluides, émouvantes. Quel bonheur ! Miguel est enfin prêt à rejouer devant un public. Il va jouer partout : dans les plus belles salles de concert du monde, mais aussi dans des hôpitaux, des prisons, jusqu'aux villages les plus reculés. Il fonde une association qu'il appelle « Musique Espérance » et, grâce à l'argent de ses concerts, il crée des ateliers pour apprendre à lire et à écrire dans les prisons, des bourses pour aider les jeunes qui veulent faire des études, et des formations de musiciens et d'assistantes sociales pour venir en aide aux gens les plus pauvres.

Près de quarante ans plus tard, « Musique Espérance » aide des milliers de personnes à travers le monde. Et à quatre-vingts ans, Miguel ne s'est jamais laissé atteindre par une once de rancune ou d'aigreur. Sa mère peut être fière de lui, elle qui lui disait souvent : « N'accumule pas de rouille dans ton âme, ça empêche d'être heureux. »

— **MEXIQUE** Depuis 1995 —

NORMA ROMERO

« Quand le train passe, chargé de migrants, je pense à leurs mères. »

Norma habite La Patrona, un petit village mexicain à quelques pas de la voie ferrée. Un soir, alors qu'elle va acheter du pain et du lait pour le dîner, un train arrive. C'est un train de marchandises qui traverse le pays deux à trois fois par jour en direction des États-Unis. Norma s'écarte et le regarde passer. Il est impressionnant, avec tous ses wagons en métal rouillé qui n'en finissent pas et ce bruit assourdissant ! Soudain, au milieu du vrombissement des wagons, elle entend des cris… « À boire ! », « Du pain, s'il vous plaît ! »… Elle lève la tête et aperçoit des dizaines et des dizaines d'hommes. Ils sont jeunes, parfois même adolescents, perchés sur le toit du train, cachés entre les wagons… Et tous crient qu'ils ont soif, qu'ils ont faim. Norma n'en revient pas. En les voyant s'accrocher où ils peuvent pour tendre les bras vers elle, elle a peur pour eux. Vite, elle tend son pain. Un homme l'attrape à la volée. Elle tend sa bouteille de lait, essayant de s'approcher au plus près des wagons… un autre la saisit. Elle a tout juste le temps de l'entendre crier « Dieu vous bénisse ! » que le train est déjà loin. En rentrant chez elle ce soir-là, Norma raconte à son mari et à ses sœurs ce qu'elle a vu : « Je ne sais pas d'où ils viennent mais ils parlent notre langue et ils disaient qu'ils avaient faim. Il faut leur donner à manger ! »

Dès le lendemain, dans la cuisine, les femmes s'activent. Puisant dans les maigres réserves de la famille, Norma cuit du riz et des haricots pendant que Bernarda, sa sœur, pèle et découpe des légumes… Même leur maman, qui n'est plus toute jeune, participe en emballant des petites portions dans des sacs. Norma les presse : « Le train ne passe jamais à la même heure, on va le guetter. Il faut qu'on soit prêtes ! » Deux heures plus tard, un sifflement lointain retentit. Branle-bas de combat ! Norma et Bernarda s'empressent de fourrer les provisions et quelques bouteilles d'eau dans une brouette, et courent fébrilement en direction de la voie ferrée. Ouf, le train arrive juste, mais il va falloir faire vite pour tout distribuer, il ne s'arrête pas. Les deux sœurs se dépêchent, elles tendent les bouteilles attachées deux par deux, les sacs de nourriture… En quelques minutes, la brouette est vide. Norma est déçue, plusieurs wagons sont repartis sans rien. Elle va trouver ses voisines, fait le tour des supermarchés des environs pour récupérer leurs invendus et, petit à petit, un semblant d'organisation se met en place. Bientôt, les femmes sont si nombreuses et les marmites si grandes qu'il faudrait pousser les murs de sa cuisine. Norma est heureuse : à chaque passage du train, elles arrivent à nourrir plus de monde. Et puis, une nuit, au lieu de passer à toute vitesse comme d'habitude, le train s'arrête. Il est en panne. La réparation ne dure pas longtemps, juste assez pour que Norma puisse enfin mettre des visages sur ces mains tendues, et échanger quelques mots avec ces hommes. Elle, dont le monde se limitait à son village, réalise alors qu'ils viennent de pays dont elle ignorait jusqu'à l'existence. Beaucoup ont traversé tout le continent. Ils viennent du Guatemala, du Salvador, du Honduras, et ils fuient la violence et la misère qui règnent dans leur pays, dans l'espoir de démarrer une meilleure vie aux États-Unis. Quand le train repart, Norma est plus motivée que jamais.

Mais ces gens n'ont pas le droit de passer la frontière et les aider est interdit. Les visites de la police se multiplient pour essayer de l'intimider. Norma a parfois peur pour sa famille, mais elle continue, de jour comme de nuit, car le train, lui, n'attend pas…

Depuis plus de vingt-cinq ans maintenant, Norma et ses « *Patronas* », comme les ont baptisées les voyageurs, n'ont jamais manqué le passage d'un train. Après dix années de lutte avec les autorités, leur courage est maintenant salué et le gouvernement, qui autrefois les qualifiait de hors-la-loi, leur a décerné le prix des droits de l'homme… mais peu d'entre elles ont fait le voyage pour le recevoir, elles étaient bien trop occupées à préparer l'arrivée du prochain train. Car, comme le dit Norma : « La vraie récompense, c'est le sourire de ces hommes ! »

— **FRANCE** Née en 1980 —

MÉLUSINE MALLENDER

« C'est quand on ne connaît pas quelque chose qu'on a tendance à en avoir peur. »

Au départ, Mélusine est costumière de théâtre. Mais, en secret, elle a deux passions : la moto et le voyage. Alors, un été, elle choisit de faire le grand saut et d'allier les deux. Sa vieille moto n'est pas loin de rendre l'âme, elle va lui offrir un dernier voyage en la ramenant chez elle, au Japon, là où elle a été construite. Quand elle annonce ça à son garagiste, il explose de rire : « Toute seule avec ce vieux machin, mais tu ne dépasseras pas le périph' ! » La moto de Mélusine ne tient pas jusqu'au Japon, certes, mais pas loin : ensemble, elles roulent tout de même jusqu'à Vladivostok, la dernière ville du continent, juste avant la mer du Japon ! Un long voyage, qui lui fait traverser de nombreux pays peu connus comme le Kazakhstan ou les steppes désertes de la Mongolie… Ses amis l'ont mise en garde, certaines étapes sur son trajet ont la réputation d'être dangereuses, surtout pour une femme seule. Mélusine les aborde un peu la trouille au ventre, mais partout l'accueil qu'on lui réserve est si chaleureux que ses inquiétudes disparaissent. À son retour, Mélusine n'a plus qu'une envie : repartir et partager ces magnifiques rencontres avec le reste du monde.

Depuis, elle a parcouru des dizaines de milliers de kilomètres à moto avec sa caméra. Elle a traversé l'Iran, le Bangladesh, le Rwanda, le Somaliland… autant de pays inconnus de la plupart des gens. Partout où elle débarque, elle crée la surprise. Une femme à moto, et seule en plus, souvent on n'a jamais vu ça ! De vieilles femmes se pressent autour d'elle, émerveillées par sa machine, certaines veulent même l'essayer. Bousculer les codes amuse Mélusine, c'est sûr, mais ce qui l'anime vraiment, c'est de combattre les peurs et les préjugés et de capter avec sa caméra la chaleur des humains qu'elle rencontre.

Alors film après film, continent après continent, elle partage avec un public de plus en plus large ce qu'elle ne cesse de vérifier : quel que soit l'endroit où nous vivons, nous avons plus de choses en commun que de choses qui nous séparent.

— **SUÈDE** Né le 15 décembre 1959 —

ERIK AHLSTRÖM

« Ma devise : un corps sain, dans un environnement sain ! »

Erik est adepte du jogging. Mais quand il court, il est souvent consterné de voir les canettes, papiers et autres détritus sur le bord du chemin. Lors d'un footing sur un trajet particulièrement sale, il est tellement écœuré qu'il regrette de n'avoir rien sur lui pour tout ramasser. Le lendemain, il emporte des gants et un sac-poubelle. Et c'est parti, chaque fois qu'il trouve une cochonnerie, il la ramasse et repart à petites foulées. À la fin, il est rincé, mais doublement content. D'une part son sac-poubelle est bien dodu et tout ce qui est dedans n'est plus dans la nature ; et d'autre part en s'arrêtant tout le temps, il a transformé son jogging en une course « fractionnée », un exercice archi-complet qui fait travailler tout le corps… Génial ! Désormais, il est encore plus motivé pour sauter dans ses baskets, et ça devient son petit rituel.

Progressivement, en le voyant faire, d'autres coureurs se mettent à l'imiter. Pour pouvoir en parler et donner envie à plus de joggeurs de le rejoindre, Erik donne un nom à son activité : ce sera le « plogging », un mélange de *plocka upp*, qui veut dire « ramasser » en suédois et de jogging, la course. Ainsi nommé, le plogging prend des allures de vraie discipline. Des gens se rassemblent pour le pratiquer et, un peu partout dans le pays, des ploggeurs un peu plus expérimentés expliquent désormais aux novices les « secrets » d'un plogging bien fait. Avis aux amateurs : il faut bien ralentir quand on approche d'un déchet, et se pencher pieds écartés, fesses en arrière, dos droit, mouvement qui, cerise sur le gâteau, permet de se muscler le fessier !

Mais les groupes ne sont pas fermés, ils acceptent aussi les marcheurs. Pendant que les plus déliés courent comme des gazelles, guettant les gros déchets, eux se concentrent sur les zones où pullulent petits papiers et mégots. Peu à peu, des associations se créent partout dans le monde. Dix mille personnes pratiquent le plogging en Inde et une journée plogging a rassemblé quatre mille ploggeurs à Mexico. Erik est ravi que son idée ait pris, et maintenant il invite chacun à inventer sa propre version du plogging : à vélo, avec sa poussette, en faisant du shopping. La fierté de tout ploggeur étant : « Devant moi c'était sale, derrière moi, c'est tout propre ! »

— **FRANCE** Née le 21 juillet 1990 —

FLORE LELIÈVRE

« Aller à la rencontre des personnes qui sont différentes suffit pour que les a priori s'envolent. »

C'est le grand jour des portes ouvertes de son école. Flore a presque fini ses études d'architecte d'intérieur, c'est la toute dernière étape. Elle a un peu le trac, c'est aujourd'hui qu'elle présente son grand projet de fin d'études, un projet qui lui tient particulièrement à cœur. Elle ne sait pas trop comment les visiteurs vont réagir, son idée est plutôt originale et elle est bien placée pour savoir que dès qu'il s'agit de personnes handicapées, les réactions peuvent être maladroites. Ce n'est pas forcément de la méchanceté, simplement de l'ignorance, tout le monde n'a pas un grand frère trisomique comme elle... En étalant soigneusement quelques documents de présentation sur sa table, Flore repense aux matins où elle arrivait au centre de loisirs avec Cédric, à tous ces mômes plantés là, à le dévisager comme si c'était un extraterrestre... Puis elle revoit cette famille au restaurant, qui gloussait à la table d'à côté... Et chaque fois, le visage chagriné de Cédric encaissant dignement les moqueries... Pendant longtemps, ça l'a mise en colère, elle trouvait trop injuste que Cédric ait à supporter tout ça. Du haut de ses trois pommes, elle avait envie de leur crier : « Il s'appelle Cédric, il a dix doigts, dix orteils et un cœur plus grand que vous ! » et, parfois, elle ne se gênait pas. Mais aujourd'hui, elle en a assez de se mettre en colère, elle veut agir. Aider à changer l'image que l'on a de la trisomie. Et pour ça, elle en est convaincue, il suffirait que les gens puissent rencontrer davantage de personnes comme son frère, au lieu de les enfermer dans des maisons spécialisées.

Ça y est, les premiers visiteurs arrivent, Flore s'anime, explique son projet : « C'est un restaurant qui emploierait des serveurs et des cuisiniers trisomiques. » Les yeux s'écarquillent mais Flore ne se démonte pas, elle poursuit : « Ce serait un lieu où il ferait bon travailler, manger, se rencontrer et où la différence s'évaporerait. » Toute la journée, deux mille personnes défilent et toutes sont séduites par le concept et l'encouragent à le mettre en pratique. Flore, qui s'attendait à un accueil un peu gêné, est galvanisée. Reste à trouver l'argent, le lieu, l'équipe... Pas évident quand on finit juste ses études et qu'on n'y connaît pas grand-chose, mais Flore est prête à soulever des montagnes.

Après un an et demi de préparation, des semaines à jouer à la dînette dans un faux restaurant pour entraîner tout le monde et quelques nuits sur le chantier, le restaurant Le Reflet ouvre ses portes à Nantes. Flore s'est appliquée pour que tout soit beau et pratique pour l'équipe. Elle a pensé au moindre détail. Par exemple, comment prendre une commande quand on ne sait pas forcément lire ni écrire ? Eh bien, en faisant participer le client, qui tamponne directement sur son menu ce qu'il souhaite, le serveur n'a plus ensuite qu'à l'apporter en cuisine. Ou comment faire en sorte que les doigts un peu plus courts des serveurs ne les gênent pas pour tenir les assiettes ? Eh bien, en inventant une nouvelle forme d'assiette, tout simplement, avec l'empreinte de doigts joliment moulée sur les bords pour bien l'attraper. Et ça marche ! Sous l'œil bienveillant de François en salle et de Virginie et Sylvaine en cuisine, Antoine, Pauline, Maxime, Marie-Noëllie, Caroline et Paul, tous trisomiques, accueillent les clients avec un large sourire, servent, débarrassent, cuisinent, visiblement heureux d'être là. Alors c'est sûr, on n'est pas à l'abri d'une petite surprise de temps en temps. Parfois, dans un excès de zèle, Pauline attrape l'assiette d'une cliente avant qu'elle ait fini et Antoine, assez porté sur la plaisanterie, se lance dans un petit pas de danse ou taquine un client sur sa coupe de cheveux, mais Flore a réussi son pari : la magie de la rencontre opère. Dans la bonne humeur générale, les a priori s'envolent, les clients se régalent et passent un bon moment, l'équipe s'épanouit… Maintenant qu'ils ont « une vie normale », comme dit Caroline, et « qu'ils s'en sortent bien dans leur travail », ajoute Antoine, pas peu fier, ils ont gagné en confiance. Caroline s'est lancée et prend désormais les transports en commun toute seule, chose impensable il y a encore peu de temps, et Antoine, Pauline et les autres n'hésitent plus à aller boire un petit coup à la terrasse du café du coin pour se détendre après une bonne journée de travail.

Trois ans après son ouverture, Le Reflet ne désemplit pas, il faut même réserver plusieurs semaines à l'avance pour avoir une table ! Flore est ravie de ce succès mais ce qui la rendrait plus heureuse encore, ce serait de voir d'autres lieux comme le sien ouvrir un peu partout. Et ça semble bien parti, car il ne se passe pas une semaine sans que quelqu'un d'intéressé l'appelle pour profiter de ses conseils !

— **ÉTATS-UNIS** Probablement en 1817 • 20 février 1895 —

FREDERICK DOUGLASS

« La tyrannie n'est possible que si les opprimés l'acceptent. »

Des maîtres, Frederick en a connu beaucoup. Tout d'abord, il y a eu le propriétaire de sa mère qui, comme c'était l'usage, l'a arraché à elle alors qu'il n'était encore qu'un nourrisson pour en faire un « bon esclave ». Une façon de le priver des siens et de son histoire, pour éviter qu'il soit tenté de se révolter. Ensuite, alors qu'il avait six ans à peine, il y a eu le « Capitaine ». Celui-ci possédait une immense plantation et un millier d'esclaves, et il les fouettait pour un oui ou pour un non, parfois même jusqu'à la mort. Et puis, il y a eu Mme Auld, la fille du « Capitaine », qui a changé sa vie à tout jamais…

Quand Frederick arrive chez les Auld, il n'a pas loin de douze ans. Il ne faut pas longtemps à Mme Auld pour remarquer qu'il a de la jugeotte et comprend vite les choses. Alors, en cachette de son mari et en dépit de la loi qui le lui interdit, elle décide d'apprendre à Frederick les rudiments de la lecture. Chaque jour, dès que son mari part travailler, elle installe Frederick à une table et commence sa leçon. Le jeune garçon apprécie ces moments de calme et de concentration, où tout le reste du monde semble disparaître. Confortablement assis, au chaud et bercé par la voix de Mme Auld, il s'applique consciencieusement à déchiffrer ces petits signes nouveaux pour lui. Mais il ne comprend pas vraiment à quoi ça sert, jusqu'au soir où M. Auld, surprenant sa femme en pleine leçon, se met à hurler : « Qu'est-ce qui te prend, tu es folle ? Un nègre n'a rien à savoir d'autre que d'obéir à son maître. Si tu lui apprends à lire, il ne pourra plus jamais faire un bon esclave ! » Frederick est là, il a tout entendu. Pour lui, c'est une révélation. C'est donc pour ça que l'école est interdite aux esclaves, parce que si on se met à penser, on ne peut plus être dominé ?

À partir de là, Mme Auld va se plier à la volonté de son mari mais c'est trop tard, le jeune Frederick a compris que l'éducation est la clé de la liberté. Il n'a plus qu'un seul désir : continuer son apprentissage, coûte que coûte. Quand on lui donne un peu de pain, au lieu de calmer sa faim, il le glisse dans sa poche et file l'échanger contre quelques leçons auprès des petits Blancs du quartier, aussi pauvres que lui, mais un peu plus instruits. Et dès que ses maîtres ont le dos tourné, il dévore tous les livres qu'il peut trouver chez eux. Bientôt ces livres ne lui suffisent plus, il a envie de s'acheter ses propres livres, des livres qu'il choisirait lui-même. Mais pour ça, il a besoin d'argent. Alors, en plus de son travail chez les Auld, pour lequel il ne touche pas un sou, Frederick vend ou répare tout ce qu'il peut. Grâce à ses lectures, il découvre que, partout dans le pays, des hommes et des femmes, noirs comme blancs, commencent à dénoncer l'esclavage. Pour eux, les Blancs et les Noirs devraient vivre libres et égaux. Certains parlent même d'égalité entre l'homme et la femme ! C'est la première fois que Frederick entend parler de liberté pour les Noirs, d'égalité. Toutes ces idées sont si nouvelles pour lui que c'en est presque enivrant, mais Frederick sent surtout qu'elles ont le goût de la vérité. C'est décidé, dès qu'il le pourra, il essaiera de s'échapper pour rejoindre ces hommes et se battre à leurs côtés. Et en attendant, il va faire ce qu'il peut pour aider d'autres esclaves. Frederick apprend à écrire et commence à faire de faux laissez-passer, pour permettre à des esclaves de s'enfuir. Pendant un temps, il a la chance d'être prêté à un maître plus compréhensif et en profite pour mettre en place une école du dimanche où il apprend à lire à une quarantaine d'esclaves… Mais, si son maître le tolère, les gens du voisinage n'apprécient guère et Frederick est rapidement obligé d'arrêter. Dès lors, il ne pense plus qu'à une chose : s'enfuir. Alors qu'il a vingt et un ans, après plusieurs tentatives d'évasion dont une qui lui vaudra un séjour en prison, toutes les conditions semblent enfin réunies. Déguisé en marin et muni de faux papiers, Frederick embarque sur un bateau et, après un périple de plusieurs semaines, il débarque enfin dans le Massachusetts, un État où l'esclavage est interdit.

Une nouvelle vie commence. Fini d'obéir, Frederick peut enfin choisir pour qui il travaille et qui il fréquente ! Mais il doit se faire discret pour ne pas se faire repérer par les « chasseurs d'esclaves », qui gagnent leur vie en ramenant les esclaves en fuite à leurs maîtres… Par précaution, il change de nom. Dorénavant, il s'appellera Frederick Douglass. C'est quand même plus court que Frederick Augustus Washington Bailey ! Mais pour ce qui est de se taire, il ne faut pas compter sur lui. Frederick sait s'exprimer et, maintenant qu'il s'est échappé, il compte bien témoigner, pour tous les esclaves qui n'ont pas les moyens de le faire. Malgré le risque d'être reconnu, Frederick sera le premier esclave à raconter publiquement ce qu'il a vécu, dans un livre et à travers de nombreuses conférences dans tout le pays. Son témoignage va convaincre des milliers de personnes de l'atrocité de l'esclavage, et quand il sera enfin aboli, en 1865, Frederick continuera de se battre pour plus d'égalité, défendant les droits des esclaves libérés et des femmes.

QUENTIN

« Vous allez pouvoir sauver mon papa ? »

Ce soir-là, Quentin est seul avec son père quand il le retrouve évanoui. Il l'appelle, le secoue, mais son père ne bouge pas. Quentin se précipite sur un téléphone portable et compose le 17, le numéro de la gendarmerie : « Je crois que mon papa est mort », dit-il. À l'autre bout du fil, Romuald, le gendarme, est étonné par la voix : « Quel âge as-tu ? » demande-t-il. « Cinq ans », répond Quentin. Romuald comprend immédiatement que ce n'est pas une blague et qu'il doit aider cet enfant. Il lui demande de décrire son père : « Il ne bouge pas et il fait de la mousse par la bouche », répond Quentin. Romuald reconnaît les signes d'un coma diabétique, c'est dangereux, il faut faire vite. Mais lorsqu'il demande son nom de famille à Quentin, le petit garçon est incapable de le prononcer correctement. Son adresse ? Il ne la connaît pas. Romuald cherche à savoir à quoi ressemble sa maison, quelle est la couleur de ses volets… Quentin répond du mieux qu'il peut, il sort pour vérifier qu'il ne dit pas de bêtises. Romuald essaie de le rassurer : « Des pompiers vont te chercher, ils vont allumer leurs sirènes et leur gyrophare, guette-les et dès que tu les vois, tu me le dis. » Quentin se poste à la fenêtre et cherche des lumières dans la nuit. Mais les pompiers ont beau sillonner la région, ils ne trouvent pas de maison qui ressemble à la description de Quentin. « Écoute-moi bien, dit Romuald, tu vas allumer toutes les lumières de ta maison pour qu'on te repère, tu m'entends ? » Pas de réponse, la conversation s'est interrompue brutalement. Pour la première fois Romuald panique : le petit s'est-il découragé ? Comment le retrouver ?

Puis son téléphone sonne à nouveau : « C'est moi, j'ai fait ce que vous m'avez demandé, j'ai tout allumé la maison. » Incroyable, Quentin n'a pas perdu son sang-froid, lorsque la batterie de son téléphone s'est éteinte, il en a cherché un autre et il a rappelé. Quand, enfin, les pompiers repèrent la seule maison illuminée du quartier, ils s'approchent, sirènes hurlantes, et découvrent, emmitouflée sur le pas de la porte, la minuscule silhouette de Quentin qui les attend : « Vous allez sauver mon papa ? » Oui, le père de Quentin va être sauvé. Et cette nuit-là, perdu au milieu de pompiers qui font trois fois sa taille, Quentin sera tout étonné d'être traité en héros.

— **POLOGNE** 15 février 1910 • 12 mai 2008 —

IRENA SENDLEROWA

« Une amie m'a dit un jour "qui sauve un enfant sauve le monde" alors j'ai essayé, plusieurs fois. »

Irena grandit dans la banlieue de Varsovie, où vit la plus grande communauté juive d'Europe. Son papa est médecin et soigne tous les malades sans distinction, quels que soient leur origine ou leurs moyens. Cela peut sembler évident mais, à l'époque, aucun de ses collègues n'accepte de soigner des Juifs, par exemple. « La seule chose qui compte, Irena, ce n'est pas d'où tu viens, c'est la façon dont tu te comportes ! » lui rappelle-t-il souvent. Pour Irena, qui passe ses récréations à jouer avec les enfants juifs du quartier, cela va de soi. Alors qu'elle a à peine sept ans, une épidémie de typhus, une maladie mortelle, se répand dans les quartiers pauvres de Varsovie. Son père, qui essayait de soulager les malades, l'attrape et meurt. Irena se retrouve seule avec sa mère.

Au fil des années, Irena remarque que l'animosité vis-à-vis des Juifs ne cesse de croître partout en Europe. À sa grande surprise, on se met à raconter que les Juifs complotent avec des pays étrangers pour prendre le pouvoir, qu'ils volent toutes les richesses, qu'ils sont responsables du chômage… Irena, qui voit bien dans quelle pauvreté vivent la plupart de ses amis, trouve tout cela absurde. « Ces mensonges que tout le monde répète sans réfléchir sont dangereux ! Jusqu'où va-t-on aller ? » s'insurge-t-elle. Et elle a vu juste : bientôt, de nouvelles lois apparaissent pour limiter les libertés de ses amis juifs. Quand elle arrive à l'université, on lui explique qu'elle n'a pas le droit de s'asseoir sur les mêmes bancs qu'eux. Irena refuse d'obéir et met un point d'honneur à s'asseoir sur les bancs réservés aux Juifs, ce qui lui vaut d'être interdite d'examen !

Lorsque l'Allemagne d'Hitler envahit son pays et qu'elle voit les soldats nazis entasser tous les Juifs de Varsovie dans un seul quartier de la ville, fermé par des murs et des barbelés, elle est révoltée. C'est ce qu'on appelle le « ghetto de Varsovie ». Il y règne une misère terrible, pas de chauffage, peu de vêtements, rien à manger. Une nouvelle épidémie de typhus se répand dans le ghetto. Malgré les risques de contamination, Irena, qui est devenue infirmière, se porte tout de suite volontaire. Avec quelques collègues qui l'ont suivie, elle commence à soigner, distribue les rares vaccins

qu'elle a pu trouver, sépare les personnes malades des autres pour éviter la contagion... Mais, alors qu'elle soigne une femme, celle-ci lui tend son bébé et l'implore : « Je vous en supplie, sauvez Ana, prenez-la ! Ici, elle va mourir... » Irena est bouleversée. La petite est si pâle, si maigre, elle aimerait tant pouvoir faire quelque chose... Mais comment ? Il y a les contrôles à l'entrée, les soldats allemands partout, c'est de la folie ! Si elle se fait prendre, c'en est fini d'elles deux... La mort dans l'âme, Irena refuse mais elle promet de revenir.

Les jours suivants, le bruit commence à se répandre que les Allemands vident le ghetto en embarquant les Juifs dans des camps, dans l'Est du pays, et leurs familles n'ont plus jamais de nouvelles... Irena sait qu'elle doit faire vite, ce n'est plus seulement Ana qu'il faut sauver, il faut faire sortir tous les enfants. Mais une fois dehors, que se passera-t-il ? Au moindre contrôle, et ils sont fréquents, les enfants seront immédiatement renvoyés au ghetto, si ce n'est pire. Il faut trouver un moyen de les cacher jusqu'à la fin de la guerre. Étape numéro un : leur trouver une nouvelle identité. Qu'ils aient l'air de petits catholiques pour que les nazis les laissent tranquilles. Un prêtre lui propose de faire de faux certificats de baptême. Parfait ! Ils auront un nouveau nom, chrétien, et pour être sûre que le mensonge ne soit pas découvert, Irena leur apprend à réciter le « Notre Père », une prière catholique. Étape numéro deux : trouver un endroit où les cacher. Irena réussit à convaincre une religieuse d'en accueillir quelques-uns dans son couvent et, pour les autres, elle cherche des familles, s'assure auprès de chacune que les enfants y seront bien... Quand tout est enfin prêt, elle commence son opération de sauvetage. La petite Ana, d'abord, elle l'a promis. Elle lui donne une goutte de calmant pour éviter qu'elle ne pleure et la cache à l'arrière de l'ambulance, dans une petite boîte. En franchissant le poste de contrôle, Irena sent son cœur battre jusque dans ses tympans mais elle reste impassible et tend son autorisation. Le soldat lui fait signe de circuler... Ça y est, Ana est libre, elle vivra !

Bientôt ce sera le tour d'Esther, de Piotrus et de sa sœur Ruth, du petit Stefanek... Irena et ses amis parviendront à arracher plus de deux mille cinq cents enfants à une mort certaine, empruntant des passages secrets, rampant dans les égouts, des tunnels entre les caves et prenant chaque fois des risques considérables. Pourtant, à la fin de sa vie, Irena confiera souvent : « Je regrette d'avoir fait si peu. »

— GRANDE-BRETAGNE / ÉTATS-UNIS / SUISSE —

16 avril 1889 • 25 décembre 1977

CHARLIE CHAPLIN

« L'obstination est le chemin de la réussite. »

Très tôt, le petit Charlie doit apprendre à se débrouiller. À l'heure où tous les enfants sont à l'école, lui est plutôt dans la rue à fouiller discrètement les poubelles, avec son grand frère Sydney. Son père les a quittés quand Charlie avait deux ans et leur mère, Hannah, qui est artiste de music-hall, souffre d'une maladie mentale. Elle a beau se battre pour essayer de nourrir ses enfants, on lui propose de moins en moins de rôles. Charlie adore sa mère et la suit partout. Quand elle a la chance de jouer, il est en coulisse et l'observe. Pendant une de ses représentations, voyant qu'elle se sent mal, il bondit sur scène pour la sauver et mime son rôle qu'il connaît par cœur. Il n'a alors que cinq ans ! Mais la carrière d'Hannah touche à sa fin et les deux frères se serrent les coudes pour essayer de la protéger. Car si la vie avec leur mère est dure, elle est gaie aussi. Hannah fait tout ce qu'elle peut pour leur faire oublier la misère, elle chante et danse, et joue parfois rien que pour eux les rôles qu'elle a donnés au théâtre. Croyant bien faire, Sydney s'engage dans la marine pour rapporter un peu d'argent. Mais pendant qu'il est loin, l'état de santé d'Hannah se détériore encore. Charlie, resté seul avec elle, doit se résoudre à l'accompagner dans un hôpital psychiatrique. Quand il sort de l'hôpital, c'est la double peine : Charlie a le cœur brisé et nulle part où aller. En attendant le retour de son frère, il vit et dort dans la rue.

Quand Sydney revient enfin, il parvient à se faire embaucher par une troupe d'acteurs comiques. Aussitôt, il essaie d'obtenir un petit rôle pour Charlie. Le patron de la troupe le toise de haut en bas et son jugement tombe, comme un couperet : « Il est pâle, chétif et bien trop timide pour faire quoi que ce soit de bien au théâtre ! » Mais lorsqu'il le voit sur scène, il change radicalement d'avis et l'engage immédiatement. Charlie accède vite aux rôles principaux et part pour une grande tournée en Amérique du Nord. À cette époque, le cinéma en est encore à ses débuts et les responsables des grands studios américains cherchent des comédiens. L'un d'eux repère Charlie, et l'embauche. Quand il arrive à Los Angeles, la grande cité du cinéma, c'est à nouveau la déconvenue : on trouve qu'il est trop jeune, qu'il ne paie pas de mine. Pendant trois mois, on ne lui propose aucun rôle. Charlie est habitué à se battre, il ne perd pas son temps pour autant, il furète partout et en profite pour se familiariser avec ce monde nouveau : les caméras, les lumières, la réalisation d'un film. Quand, enfin, on lui propose un petit rôle, il fonce. Mais à la sortie du film, c'est la déception. Il a horreur de l'accoutrement qu'on lui a imposé : une redingote, un chapeau haut de forme, des grandes moustaches tombantes... ce n'est pas pour lui ! Alors il se promet de ne plus se faire avoir et, pour son deuxième rôle, il choisit lui-même son costume : un pantalon large qui tombe de guingois sur d'immenses chaussures, une veste étriquée et un chapeau étroit. Il dira plus tard : « Dès que j'ai enfilé mon costume, les vêtements et le maquillage m'ont fait sentir mon personnage. Quand je suis entré sur le plateau, "Charlot" était entièrement né. » C'est dans cet habit de miséreux que Charlie, devenu Charlot, va connaître une immense célébrité.

Dès qu'il a un peu d'argent, il fait venir sa maman près de lui. Il achète pour elle une maison face à la mer et engage infirmière et médecin pour la soigner à domicile jusqu'à sa mort. Sydney et lui ne se quittent plus. Devenu l'agent artistique de Charlie, Sydney obtient, ironie du sort, que son frère soit le comédien le mieux payé au monde !

Charlie réalise plus de quatre-vingts films, dont beaucoup sont de vrais chefs-d'œuvre. Lui qui a bien connu la pauvreté veut rendre justice à tous ses compagnons de misère. Ils dérangent, on préfère ne pas les regarder ? Il va les montrer sur grand écran, tels qu'il les a connus dans son enfance, attachants, émouvants, souvent drôles. Pour y parvenir, il est acharné au travail et ne laisse aucun détail au hasard. Charlot, son personnage, défend la vision singulière de Charlie : quand le monde nous est hostile, essayons de survivre avec astuce et élégance ! Le vagabond un peu comique mais surtout très poétique qu'est Charlot porte un costume élimé, ses semelles sont usées et personne ne le ménage mais, même lorsqu'il se fait sortir d'un magasin chic par un coup de pied dans le derrière, le vrai gentleman, c'est lui !

Gentleman, Charlie l'est autant dans sa vie que dans son œuvre. Pendant l'hiver 1954, où il fait si froid en France que l'abbé Pierre* lance son appel à la radio pour sauver ceux qui meurent dehors, Charlie est parmi les premiers à envoyer un don : deux millions de francs, une somme colossale pour l'époque, avec un petit mot : « Je ne les donne pas, je les rends. Ils appartiennent au vagabond que j'ai été et que j'ai incarné. »

---

* *Lire l'histoire de l'abbé Pierre p. 180*

— **ANGLETERRE** 4 mars 2016 —

NICOLE SEDGEBEER & MARK COLLINS

« Il a fait des pieds et des mains pour m'aider, lui qu'en temps normal je n'aurais même pas regardé. »

Nicole sort d'une fête, il est tard et elle a un peu trop bu. Elle habite à plus de soixante-dix kilomètres, elle doit absolument attraper le dernier train pour rentrer chez elle. Elle essaie d'accélérer le pas, mais elle tangue… À la gare, l'horloge indique trois heures du matin. Misère, elle a loupé le dernier train, le prochain est à… cinq heures vingt-sept ! Presque trois heures à attendre, et la gare est fermée, impossible de s'y abriter ! Elle sort son portable… plus de batterie ! Ça ressemble à un cauchemar : la voilà toute seule, en pleine nuit, au beau milieu d'une ville où elle ne connaît personne… elle est à deux doigts de fondre en larmes, quand un SDF s'approche d'elle. Il ne manquait plus que ça ! Elle lui tourne sèchement le dos mais entend : « Vous ne devriez pas traîner toute seule à cette heure, mademoiselle, c'est dangereux… » Elle se retourne, l'homme lui sourit et propose de l'emmener dans un des seuls cafés ouverts toute la nuit. Elle n'est pas franchement rassurée mais elle le suit. Une demi-heure de marche, et les voilà enfin dans ce fameux café. L'homme l'installe à une table, lui commande une boisson chaude et s'excuse de repartir, mais il doit récupérer son sac de couchage et ses affaires qu'il a laissées sans protection. La voyant bien mal en point, il promet d'être de retour à cinq heures pour l'accompagner à son train. « Quelle drôle de rencontre », se dit Nicole, convaincue de ne jamais le revoir. À cinq heures, elle ramasse ses affaires et sort. Elle a à peine fait trois pas que l'homme arrive en courant. Il s'excuse encore, il a pris un bus pour être à l'heure et c'est ce fichu bus qui l'a mis en retard ! Cette fois, Nicole est si touchée qu'elle finit par lui demander : « Mais pourquoi vous faites tout ça pour moi ? » « C'est le devoir d'un père de s'assurer que la fille d'un autre rentre saine et sauve », explique-t-il simplement. Cette réponse achève d'ouvrir les yeux de Nicole. Ainsi donc, cet homme est père ? En discutant avec lui, elle apprend que Mark – c'est son nom – a trois enfants qu'il n'a pas vus depuis douze ans. Émue par son histoire, elle décide de lancer une cagnotte pour le remercier et elle travaille aujourd'hui avec une association pour les aider, lui et les autres sans-abris de la gare, à se remettre sur pied.

— **CANADA** Né le 2 décembre 1950 —

PAUL WATSON

« J'adhère à la non-violence, qui consiste à n'infliger aucune blessure à un être sensible, quel qu'il soit. »

Paul Watson est un pirate d'un genre nouveau. Pas de sabre ni de jambe de bois chez ce Jack Sparrow et, s'il conduit sa flotte sur toutes les mers du globe, arborant fièrement le drapeau noir à tête de mort, ce n'est pas pour dépouiller les navires qu'il pourchasse mais pour les empêcher de tuer des animaux en danger. En effet, Paul n'a qu'une idée en tête : protéger les baleines, les dauphins, les phoques, les tortues, les thons rouges… et toutes les autres espèces menacées que l'on n'a plus le droit de pêcher, au risque de les faire disparaître. Un combat qui a démarré il y a plus de quarante ans, quand, encore jeune matelot, Paul assiste à une scène terrible. Juste devant lui, un navire russe harponne un cachalot. Mortellement blessé, l'animal se débat et fonce vers le canot de Paul, mais il l'évite au dernier moment, et Paul croise son regard. « Dans son œil, gros comme mon poing, j'ai senti de la pitié. Pas pour lui-même, mais pour nous les hommes. Ça a changé ma vie », confie-t-il. Et qu'on ne vienne pas lui dire qu'au lieu de s'occuper des baleines, il ferait mieux de prendre soin des humains, car c'est précisément ce qu'il fait ! Comme il a coutume de le dire : « Les animaux peuvent survivre sans nous mais nous, sans eux, nous sommes fichus. Prenons le plancton qui se trouve dans l'océan, par exemple : il fabrique la moitié de l'oxygène qui nous permet de respirer ! Et de quoi se nourrit-il ? Des déjections des baleines, eh oui ! En chassant les baleines, c'est donc aussi notre oxygène qu'on supprime… »

Alors, oui, c'est sûr, les méthodes de ce vieux loup de mer sont parfois musclées. S'il a commencé par filmer les carnages auxquels il assistait loin de tous les regards, pour alerter les médias, il a vite compris que cela ne suffirait pas. Écœuré de voir que les pêcheurs hors la loi ne paient qu'une petite amende et repartent illico avec leur sinistre butin, il est passé à la vitesse supérieure. Avec les nombreux bénévoles qui l'ont rejoint au fil du temps, il sillonne désormais les mers et les pourchasse pour les intimider. La traque dure des semaines, parfois des mois. Avec son mégaphone, il commence par les sommer de renoncer à leur proie en leur rappelant la loi. Et comme généralement cela ne suffit pas, il a développé toutes sortes de

NAUTICAL
NAUTICALMIO

tactiques de sabotage comme abîmer les filets de pêche, jeter des cordes dans leurs hélices pour qu'elles se bloquent, ou encore balancer du beurre rance ou des fumigènes qui ressemblent à de grosses boules puantes à bord, afin de rendre leur pêche invendable, et leur passer l'envie de continuer… Et quand rien de tout cela ne les arrête, Paul n'hésite pas à leur barrer la route. Il s'est fait rentrer dedans plusieurs fois, et, parfois, il fonce lui-même dans les navires pour éventrer leur coque et les empêcher de poursuivre leur route ! « On abîme juste leur outil, pour les empêcher de tuer. C'est comme si on leur retirait leur arme des mains, mais on fait très attention à ne blesser personne. On n'est pas là pour tuer qui que ce soit ! Au contraire, on est là pour défendre la vie ! » clame-t-il haut et fort.

Il va sans dire que tout le monde n'apprécie pas. Sa tête a été mise à prix par plusieurs mafias qui vivent de ce trafic. Mais son acharnement finit par porter ses fruits. En montrant au monde entier le massacre des bébés phoques sur la banquise, il a réussi à obtenir son interdiction pendant dix ans. Attaqué en justice par les Japonais qui ne supportaient plus de l'avoir toujours dans les pattes, il a été acquitté et conforté par la Cour de justice internationale : comme le Japon ne respecte pas les accords, elle lui a retiré le permis spécial qui l'autorisait à pêcher des baleines !

Tant qu'il n'y aura pas une police des mers qui veille à ce que les lois soient respectées, Paul et ses « Bergers de la mer » continueront. À plus de soixante-cinq ans, le vieux pirate n'imagine pas du tout s'arrêter. De la protection des tortues du Cap-Vert à celle des dauphins de la baie de Taiji ou des requins de la Réunion, ses neuf bateaux veillent sur toutes les mers. Et aujourd'hui, son courage est salué par la plupart des journaux qui n'hésitent plus à le qualifier de « héros du XXIe siècle », et de nombreuses personnalités le soutiennent comme Nicolas Hulot et les acteurs Sean Connery, Pierce Brosnan ou Christian Bale. « Avec deux James Bond et un Batman, on devrait s'en sortir ! » plaisante-t-il.

— **FRANCE** 1er juillet 1804 • 8 juin 1876 —

GEORGE SAND

« Pour moi, la liberté de penser et d'agir est le premier des biens. »

Amantine Lucile Aurore Dupin, devenue Mme la baronne Dudevant, n'est pas femme à accepter une vie qui ne lui ressemble pas. Elle s'ennuie avec son mari, un peu goujat, un peu ivrogne ? Elle prend son courage à deux mains et le quitte pour aller vivre à Paris.

Désormais seule, Mme la baronne doit se serrer la ceinture. Comme les robes, la teinturerie et tous les accessoires féminins coûtent très cher, elle décide de faire des économies en s'habillant comme un homme. Un pantalon, une redingote, une paire de bottes et le tour est joué ! Et, ce qui n'est pas pour lui déplaire, une autre vie s'ouvre à elle, plus libre. Avec sa nouvelle silhouette, elle peut suivre sa bande de copains partout, même là où les femmes ne sont pas les bienvenues. À elle enfin les soirées au théâtre, les bibliothèques, les tavernes… Mais pour vivre sans dépendre de personne, elle doit trouver un moyen de gagner sa vie. Beaucoup de ses amis sont écrivains, alors, assez naturellement, elle envisage d'écrire des romans. Elle présente quelques textes, on lui explique sèchement qu'une femme « ne doit pas écrire ». Un auteur à la mode lui conseille même « d'oublier les livres et de faire des enfants ». Renoncer n'étant pas dans sa nature, elle change de nom et s'en invente un plus simple et juste assez ambigu pour qu'on lui laisse une chance : George Sand. Signés sous ce nouveau nom, curieusement, ses écrits sont davantage appréciés. C'est ainsi qu'elle devient la première femme à vivre de sa plume ! Ses romans auront même tellement de succès que, bientôt, elle pourra aider d'autres artistes moins chanceux qu'elle. Car George a la misère en horreur et un sacré sens de l'amitié. Si un de ses amis est dans le besoin, elle a toujours la solution : elle travaille deux fois plus pour gagner de quoi l'aider.

Et des amis, elle en a beaucoup. De retour dans sa grande maison de Nohant, elle les accueille avec bonheur. C'est ici qu'elle a grandi avec sa grand-mère, comme une petite sauvageonne, galopant à travers la campagne et jouant avec les fils de paysans. Elle rêve de faire de cet endroit un îlot d'égalité et de créativité. La maison est souvent pleine à craquer et bouillonne de talents. De grands auteurs comme Flaubert ou Balzac, des compositeurs talentueux, comme Chopin ou Liszt, ou des peintres comme Eugène Delacroix viennent régulièrement s'y reposer ou travailler. George veut aussi prendre soin de ceux qu'elle a bien connus enfants et qui sont devenus domestiques ou paysans. Elle apprend à lire à certains de ses domestiques et s'improvise médecin pour les paysans des alentours. Elle connaît bien les plantes et prépare elle-même ses remèdes, puis part à cheval sur sa fidèle Colette pour soigner les uns et les autres. Ses journées sont bien remplies et les soirées sont réservées aux conversations entre amis, aux concerts improvisés, à la lecture à voix haute ou au théâtre. Car elle a créé un théâtre au cœur de sa maison, où les domestiques et les paysans sont tantôt public, tantôt comédiens. À Nohant, la vie a toujours des airs de fête et George ne veut pas en perdre une miette. Alors ce n'est qu'à minuit, quand ses amis vont se coucher, qu'elle s'enferme dans sa chambre pour écrire jusqu'au petit matin. Elle écrira ainsi plus de soixante-dix romans !

Toute sa vie, George a bousculé les convenances et sa liberté en a effrayé plus d'un. Elle a été énormément critiquée mais elle est toujours restée la même, simple et discrète. Son enterrement sera d'ailleurs à son image : un trait d'union entre le monde des grands et celui des petits. Loin des honneurs auxquels elle pouvait prétendre, George a choisi de reposer dans le petit cimetière champêtre de Nohant et tous les paysans qu'elle aimait tant seront là pour la saluer une dernière fois, si nombreux que beaucoup de ses illustres amis seront obligés d'attendre devant l'église sous une pluie battante.

— **ÉTATS-UNIS** Février 2018 —

PATRICIA BRYANT

« Il suffit parfois de se mettre à plusieurs pour changer la vie de quelqu'un ! »

Comme tous les matins, Patricia charge des centaines de colis dans un camion. Avec son mari Kenneth, cela fait quarante ans qu'ils travaillent pour le même employeur, autant dire qu'ils connaissent tout le monde ! Enfin presque, car aujourd'hui, « Mama Pat », comme on l'appelle, travaille en binôme avec une jeune recrue, Trenton Lewis. Elle ne sait rien de lui, juste qu'il a une petite fille dont il s'occupe seul, et que c'est un bosseur. Cela fait sept mois qu'il est là et pas un retard, pas une absence. Mais ce matin, elle lui trouve une sale mine : « Alors, faut dormir, mon coco ! » le taquine-t-elle, bien loin de se douter de ce qu'elle va découvrir. Car Trenton n'a pas fait la fête, non. S'il est épuisé, c'est parce que, chaque nuit, il marche trois heures pour venir travailler. Il n'a pas de voiture. Mama Pat tombe des nues : « dix-sept kilomètres à pied chaque nuit ? ! Quand il pleut, quand il neige ? ! »... Les jours passent, et elle n'arrête pas de penser à lui. La nuit, elle se tourne et se retourne dans son lit, en l'imaginant s'arracher au sommeil pour sortir dans le froid.

Quelques semaines plus tard, on prévient Trenton qu'il y a une réunion des employés après le service. Il rejoint les autres sur le parking. C'est Kenneth, le mari de Patricia, qui anime ces réunions. Mais cette fois, au lieu de parler de l'organisation du travail, le voilà qui remercie tout le monde d'avoir répondu à l'appel... Quel appel ? Trenton ne comprend pas, il n'a pas entendu parler d'un appel... Kenneth sort un trousseau de clés de sa poche et le lui tend : « Et voilà le résultat ! » Trenton sourit poliment, mais il comprend de moins en moins. Kenneth désigne du menton une voiture blanche rutilante. « Quand on se bouge comme toi dans la vie, on mérite un petit coup de pouce », dit-il, ajoutant fièrement : « Tout le monde a participé, même le concessionnaire a fait un geste ! » Trenton est sans voix. Il regarde sa nouvelle voiture, la foule de ses collègues, puis encore sa nouvelle voiture... Et tout à coup, il devine. Il cherche des yeux Mama Pat, elle seule savait... En retrait derrière la haute stature de son mari, elle passe une tête et son sourire en dit plus long que tous les aveux.

— **FRANCE** 1er novembre 1918 • 27 mai 2017 —

FRÉDÉRICK LEBOYER

« Si on nous accueillait à la naissance comme des êtres et non comme des objets, tout le déroulement de notre vie serait changé. »

Frédérick est médecin accoucheur, il a déjà mis au monde plus de neuf mille enfants. Cinquante accouchements par semaine et il est fier de son succès, qu'il doit au fait qu'il endort les femmes pour qu'elles ne souffrent pas. Jusqu'au moment où, en voyant le visage tout contracté d'un nouveau-né, il est saisi par une pensée qui ne va plus le quitter : « J'évite à la mère de souffrir mais… et l'enfant ? » Il se met à regarder avec attention l'enfant qui vient de naître et, soudain, sa souffrance lui saute aux yeux. À peine sorti de l'obscurité du ventre de sa mère, on lui met en pleine figure la lumière violente des spots qu'on appelle les scialytiques. On l'attrape par les pieds pour le mettre la tête en bas et on lui donne des claques sur les fesses pour le faire crier… « On commence par lui donner une fessée, dira-t-il plus tard avec un sourire navré, vous conviendrez que ce n'est pas une entrée dans le monde très agréable ! »

Tout à sa révélation, il commence à faire part de ses observations à ses collègues. Leur réaction ne se fait pas attendre : « Voyons, voyons, le nouveau-né ne ressent rien, il n'a pas de conscience ! » Aussi incroyable que cela puisse paraître, il est vrai qu'à cette époque, dans les années 1960, on en était tellement persuadé qu'on opérait encore les bébés sans les endormir ! Frédérick est bouleversé par cet aveuglement. Maintenant, il lui suffit de voir le visage et les poings des nouveau-nés crispés de souffrance, d'entendre leurs hurlements, pour être convaincu du contraire.

Il arrête tout pendant six mois et part voyager en Inde, pour réfléchir. Et quand il revient, il est décidé à changer radicalement ses méthodes de travail pour accueillir les enfants avec toute la douceur et le respect qu'ils méritent. Dans sa nouvelle clinique, il réduit la lumière au minimum pour ne pas agresser le nouveau-né qui vient de la pénombre. Il l'accueille délicatement et le dépose sur le ventre de sa mère pour qu'il se rassure au contact de sa peau et de son odeur. Et, au lieu de couper le cordon ombilical précipitamment, ce qui remplit brutalement d'air ses poumons et lui fait

vivre une sorte de noyade à l'envers, il attend tranquillement que le cordon ait fini de battre avant de le couper. Si l'enfant va bien, la pesée et tous les examens peuvent attendre, la naissance est bien plus qu'un simple acte médical à ses yeux. L'enfant a surtout besoin de l'amour de sa mère. Frédérick prend des photos magnifiques de ces nouveau-nés paisibles, presque souriants. Elles illustreront le livre qu'il est en train d'écrire : *Pour une naissance sans violence*.

La sortie de son livre fait grand bruit, mais pas comme il l'espérait. La grande majorité du monde médical s'indigne. Pour le confort du bébé, on devrait procéder aux accouchements presque dans l'obscurité et sans bruit ? Tout cela est ridicule ! Frédérick est cruellement déçu de cet accueil. Il ne sait pas encore combien son livre va profondément changer la perception qu'on a du nouveau-né...

Peu à peu, l'idée fait son chemin qu'il pourrait bien être une personne. La plupart des mères prennent conscience que la souffrance qu'elles éprouvent lors de l'accouchement, leur enfant n'en est pas dispensé. De nombreuses cliniques s'inspirent de cette façon de mettre au monde les bébés. Et aujourd'hui, tous ceux d'entre nous qui ont eu la chance de découvrir le monde sous les caresses de leur mère, peau contre peau, plutôt qu'avec une bonne fessée, peuvent remercier Frédérick Leboyer, ce médecin sensible et un peu poète que certains ont pris pour un illuminé !

— **FRANCE** José : né en 1969 • Benoît : né en 1983 —

JOSÉ BENAVENTE FUENTES & BENOÎT MICOLON

« On ne peut pas laisser les gens mourir en mer. »

José et Benoît ont appris à voler ensemble, et ça, ça crée de sacrés liens. Alors, même s'ils n'ont plus l'occasion de se voir souvent car José vit au Congo et Benoît en France, une solide amitié lie les deux hommes. Si bien qu'un soir de janvier, quand José appelle Benoît, celui-ci sent tout de suite que quelque chose ne va pas. José a besoin de se confier. Il n'en peut plus de voir des images de ces petits canots gonflables qui tentent de traverser la Méditerranée. Ils sont bourrés de gens qui risquent leur vie pour fuir la guerre ou la misère dans leur pays. Des hommes, des femmes, des enfants. Chaque année, les accidents sont plus nombreux. « On ne peut pas juste tourner la tête, dit-il. On ne les empêchera pas de tenter leur chance, mais on peut les empêcher de mourir… Je me disais que peut-être, depuis le ciel… » Il n'a pas besoin de finir sa phrase, Benoît a compris. Dès le lendemain, ils appellent des organisations qui sillonnent la mer pour venir en aide aux réfugiés. « Depuis nos bateaux, leur explique Fabienne de SOS Méditerranée, notre seule façon de repérer les embarcations en détresse, c'est à la jumelle. Alors, dans les vagues, il y en a beaucoup qui nous échappent… Oui, bien sûr, avec un avion, on pourrait surveiller une zone cent fois plus grande ! » Visiblement, l'idée de José est bonne, mais reste à savoir comment faire. Car s'ils attendent de récolter l'argent nécessaire pour acheter un avion, ça va prendre un temps fou… Or, le printemps approche et les tentatives de traversées sont plus nombreuses avec les beaux jours. Il n'y a pas de temps à perdre. Les deux copains rassemblent toutes leurs économies et à eux deux, ils réunissent cent trente mille euros. Pile de quoi acheter un petit avion léger et assurer le carburant d'une dizaine de vols, mais pas plus. Après, il faudra trouver une solution pour continuer car le carburant coûte très cher, mais au moins ils vont pouvoir commencer ! Ils choisissent un MCR-4S, parce qu'il a un gros réservoir qui leur permettra de voler dix heures d'affilée. Pour pouvoir se concentrer sur la mer, ils font installer un pilote automatique. Et après plusieurs mois de préparation, le 12 mai 2018, enfin, leur avion est prêt. Ils le baptisent *Le Colibri*, petit clin d'œil au conte amérindien si cher à Pierre Rabhi* qui illustre bien leur état d'esprit : « Avec nos petits moyens, on fait ce qu'on peut », assurent-ils.

Ça y est, José et Benoît sont partis pour leur première patrouille. À deux mille pieds** d'altitude, ils survolent la zone qu'ils se sont fixée, un rectangle de cent cinquante kilomètres sur cinquante au large de la Libye. C'est là que la plupart des naufrages ont lieu. Au bout de quelques heures, ils repèrent une première embarcation. Une centaine de personnes serrées les unes contre les autres dans un minuscule canot pneumatique, à plus de cent cinquante kilomètres de la côte. C'est un miracle qu'ils soient arrivés jusque-là, mais il faut faire vite, cela doit faire douze heures que le canot est à l'eau, il peut se dégonfler d'un instant à l'autre. Benoît appelle le Centre de coordination de secours en mer pour qu'il transmette l'information aux bateaux qui se trouvent dans les environs. Coup de chance, le bateau d'une organisation de sauvetage n'était pas loin, il va pouvoir les sauver ! José et Benoît sont rassurés, les personnes secourues seront déposées en lieu sûr. Mais, comme ils ne vont pas tarder à le découvrir, ce n'est malheureusement pas toujours aussi simple... Les navires humanitaires sont peu nombreux, et les centres se retrouvent presque toujours obligés d'improviser : de trouver un cargo à proximité, un pêcheur, n'importe quel bateau capable de secourir l'embarcation. Or ces bateaux, de peur de perdre des jours à attendre l'autorisation d'accoster, préfèrent souvent ramener les rescapés au point de départ, en Libye, quitte parfois à faire plus de route... « La loi veut pourtant qu'on leur porte secours et qu'on les dépose dans un port sûr mais elle est rarement appliquée, cette situation est insensée ! » déplore Benoît avant d'ajouter : « Ils essaieront probablement de repartir, mais au moins ils sont vivants. »

En l'espace de quelques mois, José et Benoît vont sauver près de six mille vies. Touchés par leur initiative et l'efficacité de leur mission, huit pilotes les rejoignent et, petit à petit, des dons commencent à arriver pour les aider à poursuivre. Même si c'est un travail sans fin, les « Pilotes volontaires », comme ils s'appellent, sont déterminés : tant que des gens continueront à tenter la traversée, ils essaieront de veiller sur eux à bord du *Colibri*.

---

* *Lire l'histoire de Pierre Rabhi p. 66.*

** *En aviation, quand on mesure l'altitude, on parle en « pieds », c'est l'unité de mesure internationale. 2 000 pieds correspondent à environ 300 mètres.*

MARIA FERNANDA VANEGAS & CRISTIAN MELO

« Ici, vous allez pouvoir fermer votre bouche et ouvrir votre esprit ! »

Ce soir-là, alors qu'il boit un verre avec sa sœur Maria, Cristian remarque deux personnes qui discutent sur le trottoir. La discussion est animée, sauf qu'aucun mot n'est prononcé : elles parlent en langue des signes. Tout en regardant leurs mains balayer l'air, Cristian s'interroge pour la première fois : « À quoi peut ressembler la vie d'une personne sourde-muette ? Comment fait-elle dans la rue, au café, sans pouvoir parler ? » Et le sujet occupe la conversation toute la soirée.

La question aurait pu en rester là. Mais le frère et la sœur sont curieux. Le lendemain, ils contactent des associations. Et là, surprise : la communauté des sourds-muets compte cinquante-cinq mille personnes, rien que dans leur ville, à Bogotá ! « Comment est-ce possible, on en rencontre si peu ? » s'étonnent-ils. Alors, on leur explique : « Imaginez-vous dans un pays dont vous ne parlez pas la langue et où personne ne comprend la vôtre. Comment feriez-vous ? Ils s'isolent ! » Maria et Cristian sont sidérés. « C'est dingue, on apprend très tôt l'anglais pour parler avec des gens à l'autre bout du monde mais pour communiquer avec ceux qui vivent à côté de nous, rien ! » Aussi sec, ils décident de retrousser leurs manches. C'est ainsi que depuis l'été 2017, au cœur de Bogotá, on peut boire un verre au bar du « *Sin Palabras* » (le « Sans Parole »), les serveurs, sourds, se feront un plaisir de prendre votre commande en langue des signes. Et même sans entendre la musique, on peut danser sur les chansons à la mode, car Cristian a imaginé une piste de danse qui vibre au rythme des voix et des instruments. Le lieu a déjà changé la vie de nombreuses personnes. Comme celle de Sara, qui malgré ses vingt-cinq ans sortait très peu de chez elle. C'est ici qu'elle a rencontré son premier petit ami. Ou celle de cette étudiante en psychologie, qui, en découvrant l'endroit, a décidé d'apprendre à signer pour pouvoir assister des sourds sans l'intrusion d'un interprète. Car tout ici est pensé pour créer un pont entre les deux mondes, mais en inversant la situation : « C'est aux entendants de s'adapter, pour comprendre ce que vivent les sourds-muets, explique Maria. Ce n'est pas grand-chose mais petit à petit, les choses bougent… »

— **FRANCE** 5 août 1912 • 22 janvier 2007 —

L'ABBÉ PIERRE

« Toute ma vie je n'ai eu qu'une obsession : les autres, les autres, les autres ! »

L'abbé Pierre est un parfait inconnu jusqu'au soir du 1er février 1954. Depuis longtemps déjà, il passe ses nuits à arpenter les rues de Paris pour distribuer couvertures, soupes et cafés chauds aux « couche-dehors », comme il les appelle. Mais ce soir-là, il n'en peut plus, il ne sait plus quoi faire, l'hiver est terrible, il gèle et personne ne fait rien. Alors, en désespoir de cause, il prend la parole au micro d'une radio et s'adresse à tous les Français : « Mes amis, au secours... Une femme vient de mourir gelée, cette nuit à trois heures, sur le trottoir du boulevard de Sébastopol, serrant sur elle le papier par lequel, avant-hier, on l'avait expulsée... Chaque nuit, ils sont plus de deux mille recroquevillés sous le gel, sans toit, sans pain, presque nus. Écoutez-moi : il faut que ce soir même, dans toutes les villes de France, des pancartes s'accrochent sous une lumière dans la nuit, où on lise ces simples mots : "Toi qui souffres, qui que tu sois, entre, dors, mange, reprends espoir, ici on t'aime." Je vous en prie, aimons-nous assez pour faire cela. Il nous faut pour ce soir, au plus tard pour demain : cinq mille couvertures, trois cents grandes tentes américaines, deux cents poêles... Merci ! » Ce discours, il a à peine pris le temps de le préparer. Dans l'urgence, il a juste griffonné quelques mots sur un bout de papier. Et pourtant, il va entraîner une déferlante de solidarité. Aussitôt les standards téléphoniques de la radio sont débordés, des milliers de couvertures sont déposées, des habits chauds, des stocks de nourriture sont entreposés partout en France. Et des dons affluent, une somme énorme pour l'époque est récoltée : plus de cinq cents millions de francs. Pendant des semaines, l'abbé Pierre se démène, ne dormant pas ou peu, pour organiser au plus vite des sites d'hébergement et redistribuer la nourriture aux quatre coins du pays. C'est une tâche difficile pour lui car, s'il est spontané, audacieux, inventif, il n'est pas doué du tout pour l'organisation. Heureusement, sa secrétaire Lucie Coutaz est là. Ils se complètent : à lui les idées, à elle la mise en pratique.

Une fois l'hiver passé, l'abbé Pierre est épuisé, bien sûr, mais, surtout, il est soucieux. Comment faire fructifier cet élan de générosité qui a fait converger vers lui des milliers de

bénévoles ? Comment aider durablement tous les SDF qu'il a réussi à mettre à l'abri, leur permettre de reprendre pied, grâce à un travail digne ? C'est alors qu'il se rappelle une rencontre qu'il a faite il y a quelques années. Il se souvient comme si c'était hier de ce soir d'automne où il a été appelé près de Georges, un ancien bagnard désespéré qui avait tenté de se suicider. « Sans réfléchir, j'ai fait pour ainsi dire le contraire de la bienfaisance. Au lieu de lui dire : "Tu es malheureux, je vais te donner un logement, du travail, de l'argent", je me suis entendu lui dire : "Tu es horriblement malheureux, et moi je ne peux rien te donner. Mais toi, plutôt que de mourir, est-ce que tu ne voudrais pas me donner un coup de main pour aider les autres ?" » De cette rencontre est née une association, Emmaüs, dont le but est d'accueillir tous ceux qui se sentent de trop, et auxquels l'abbé Pierre va faire la même proposition qu'à Georges.

Désormais, l'abbé Pierre sait ce qu'il va faire, il va étendre l'esprit d'Emmaüs. Petit à petit, de nombreuses communautés fleurissent partout en France. Au départ, pour vivre, les compagnons fouillent les poubelles pour récupérer des vêtements abîmés qu'ils transforment en chiffons et revendent. Puis, peu à peu, ils offrent leurs services pour récupérer de vieux meubles, de la vaisselle, des appareils ménagers qu'ils réparent et revendent pour une somme modique à ceux qui n'ont pas les moyens d'acheter du neuf.

Aujourd'hui, il y a cent dix-neuf communautés Emmaüs en France, qui accueillent près de quatre mille personnes, des anciens exclus de la société, qui ont la fierté de vivre de leur travail. Fierté encore décuplée par la nature de ce travail : récupérer ce qui encombre ceux qui ont trop, pour aider ceux qui n'ont rien.

Infatigable, l'abbé Pierre n'a cessé de courir de communauté en communauté, il a toujours défendu les plus démunis, a secoué tous les gouvernements, a piqué des colères terribles, a affronté les plus puissants. Et lui qui disait « J'ai passé ma vie à prier Dieu pour mourir jeune, vous voyez c'est plutôt raté » s'est éteint à l'âge de quatre-vingt-quatorze ans. Il repose à côté de Georges, son premier compagnon d'Emmaüs.

— **ÉTATS-UNIS** 8 avril 1854 • 26 mai 1903 —

SUSETTE LA FLESCHE

« Ces mains ne sont pas de la couleur des vôtres, mais le sang qui coule dans nos veines a la même couleur que le vôtre. »*

Les grands yeux noirs et l'attitude digne et fière de Susette ne trompent pas : dans ses veines coule du sang omaha. Son père, Œil de Fer, n'est autre que le chef de la tribu. Mais Susette n'a jamais connu la liberté des grands espaces de ses ancêtres. Quelques mois avant sa naissance, son père, comme beaucoup d'autres chefs indiens, a été obligé de céder à l'État les terres que son peuple occupait depuis plus de quatre cent cinquante ans. Finis les tipis et la vie nomade, dorénavant la tribu vit parquée sur une petite parcelle de terre que l'on appelle une « réserve », sous la surveillance de soldats. Une vie bien étriquée et contre nature quand on est habitué à galoper dans les plaines pour chasser le bison, mais son père en est convaincu : si son peuple ne veut plus être victime de « l'homme blanc », il doit s'adapter à sa culture pour mieux défendre ses intérêts.

Susette grandit entre ces deux mondes. Chez elle, la jeune fille s'habille de peaux de bison, selon la tradition, et passe ses soirées autour du feu, à voyager en écoutant les récits des anciens. Des récits qui la passionnent, car ils parlent de la bravoure de son peuple et de ses visions prophétiques... Et la journée, elle va à l'école de la réserve, où elle se familiarise avec les coutumes de « l'homme blanc », apprend à parler sa langue et à l'écrire... Susette sait que c'est important, alors elle s'applique. Elle est curieuse et tout lui plaît, à une exception près : avec ses camarades, elle n'a pas le droit de parler omaha. Sa maîtresse dit que c'est une langue de sauvages et s'ils se font prendre à dire un mot dans leur langue, ou à se prêter à des rituels de leur tribu, les enfants sont sévèrement battus.

Des injustices faites à son peuple, Susette va en voir beaucoup en grandissant... Mais plus encore que la misère des siens, c'est le sort d'une autre tribu, proche de la sienne, qui va faire basculer sa vie. Les Poncas, la tribu d'Ours Debout, un ami de son père, ont dû eux aussi signer un traité avec le gouvernement des États-Unis. Ne parlant pas l'anglais, Ours Debout a cru qu'il obtenait le droit de se réinstaller sur les terres de ses ancêtres mais, en réalité, le traité qu'il a signé l'oblige à partir vivre sur des terres arides dont personne ne veut, à plus de cinq cents kilomètres de là. Susette, l'estomac noué, va voir passer ce qu'on appellera plus tard la « Marche des Larmes » : sept cents Poncas, hommes, femmes et enfants, épuisés et affamés, marchant pieds nus, encadrés par des soldats à cheval qui mènent le convoi comme on conduirait un troupeau. Sur le visage des hommes comme sur celui des femmes, des larmes coulent en silence. Une vision que Susette n'arrivera pas à effacer de sa mémoire. Mais le cauchemar des Poncas ne fait que commencer. En leur rendant visite sur leurs nouvelles terres, Susette y découvre une chaleur écrasante et ses amis épuisés par le manque de nourriture. Un tiers de la tribu a déjà succombé à des épidémies ! Susette ne comprend pas. Pour son peuple, une promesse est sacrée, mais les « hommes blancs » n'ont pas l'air de tenir leur parole. Ils avaient promis de l'aide, pourquoi n'arrive-t-elle pas ? Un accord a été signé, comment peut-on les laisser mourir comme ça ? Elle commence à se dire que, contrairement à ce que croit son père, s'adapter ne suffit pas, elle doit trouver un moyen de défendre son peuple, pour mettre un terme à ce massacre.

Quand, quelques mois plus tard, Ours Debout se fait arrêter pour avoir osé sortir de la réserve pour enterrer son fils sur la terre de ses ancêtres, comme le veut la tradition, pour Susette c'en est trop. Puisqu'elle parle la langue de « l'homme blanc », elle va s'en servir ! Elle écrit à des journalistes et au président des États-Unis pour les informer de ce qui se passe, et parvient à trouver un avocat pour défendre Ours Debout. Pendant toute la durée du procès, c'est elle qui se charge de traduire les paroles d'Ours Debout. Passant avec adresse d'une langue à l'autre, Susette émeut le jury en racontant la vie à la réserve, l'absence de liberté, la faim… Elle traduit si bien la détresse d'Ours Debout que le juge va finir par lui donner raison : pour la première fois, un « sauvage », comme on les appelait à l'époque, est reconnu comme étant une personne, avec des droits – pas tout à fait les mêmes que les autres citoyens américains, mais c'est un début ! Ours Debout va pouvoir retourner avec sa tribu sur la terre de ses ancêtres !

À partir de ce jour, toute sa vie, Susette sera ce pont qui manquait entre les deux cultures. Elle multipliera les conférences à travers tous les États-Unis pour permettre à des milliers de gens de mieux comprendre son peuple. Puis, devenue journaliste, elle sensibilisera ses lecteurs aux injustices qu'il subit. Un engagement de chaque instant que son mari résumera en faisant graver sur sa tombe : « Elle a tout fait pour rendre le monde plus heureux et meilleur. »

** Extrait d'un discours prononcé par Ours Debout, traduit en direct par Susette.*

SHYAM SUNDAR PALIWAL

« Je me suis juré que dans mon village il n'y aurait plus de pleurs à la naissance d'une fille ! »

Shyam vit au Rajasthan, dans le nord-ouest de l'Inde. Sa région est pauvre et, comme souvent en Inde, la naissance d'une fille y est vécue comme une catastrophe, car lorsqu'elle se marie, ses parents doivent donner une dot à son mari, une importante somme d'argent qui souvent les laisse ruinés. Cette coutume pousse de nombreuses familles à empêcher les filles de naître. Shyam, lui, n'a pas empêché la sienne de voir le jour, au contraire. La naissance de Kiran a été son plus grand bonheur. Mais à l'âge de seize ans, Kiran est morte. Shyam était dévasté de chagrin. La première chose qu'il a faite a été de planter un arbre en sa mémoire. Il passait des heures près de cet arbre, c'était le seul endroit où il parvenait à s'apaiser. Peu à peu, penser que des petites filles comme la sienne ne verraient jamais le jour lui est devenu de plus en plus insupportable… et l'arbre de Kiran l'a inspiré. Il a alors proposé aux habitants de son village de fêter la naissance des filles par une cérémonie pendant laquelle la famille planterait cent onze arbres dont elle prendrait soin jusqu'aux dix-huit ans de l'enfant. Pourquoi cent onze ? Et pourquoi dix-huit ans ? Parce qu'en grandissant les arbres prendront de la valeur et, lorsque la fille sera en âge de se marier, ils constitueront sa dot. Shyam était respecté, les villageois lui ont fait confiance et, progressivement, la naissance d'une fille est devenue une fête, au même titre que celle d'un garçon. Mais Shyam voulait aussi que les filles aillent à l'école comme les garçons. Alors, à chaque naissance, il organisait une collecte afin de réunir trente et un mille roupies (l'équivalent de trois cent seize euros), pour aider les parents à payer l'éducation de leur fille.

Aujourd'hui, dans son village, il naît autant de filles que de garçons. Un modèle qui a inspiré le gouvernement du Rajasthan, qui soutient maintenant la naissance et l'éducation des filles en versant une aide aux parents jusqu'à leur majorité. Car l'absence de femmes est devenue un énorme problème dans le pays : il manquerait en Inde quarante-trois millions de femmes qui ne sont jamais nées ! Près de son arbre, Shyam se contente de sourire : « Ce que j'ai fait, tout le monde peut le faire. Je n'ai pas reçu d'éducation, c'est la vie et la nature qui m'ont éduqué. »

— **JAMAÏQUE** 23 novembre 1805 • 14 mai 1881 —

MARY JANE SEACOLE

« Sur quelque rivage que je sois, je ne demande pas mieux que d'aider. »

Toute petite déjà, Mary aimait soigner. Fille de guérisseuse, elle passait ses journées à imiter sa maman en soignant les chiens et les chats du quartier. À douze ans, elle connaissait tous les remèdes traditionnels de son pays, la Jamaïque, et prêtait déjà main-forte à sa mère pour soigner les soldats anglais, qui avaient du mal à s'acclimater et souffraient de fièvres terribles. Les malades affluaient de toute l'île pour venir se faire soigner dans la pension familiale. Rapidement, les maladies tropicales n'ont plus eu de secret pour elle et, faisant face à plusieurs épidémies mortelles, comme le choléra ou la fièvre jaune, la jeune Mary a sauvé de nombreuses vies. Alors, à cinquante ans, quand elle apprend qu'une guerre a éclaté en Crimée et que les hôpitaux sont débordés par des épidémies qui terrassent de nombreux soldats anglais, c'est plus fort qu'elle, elle veut aller aider.

Mary commence par faire une croix sur une carte, pour situer la Crimée. C'est tout à l'est de l'Europe, à neuf mille huit cents kilomètres de chez elle : un sacré voyage ! Pourtant, elle n'hésite pas et embarque, destination Londres, pour proposer ses services à l'armée anglaise. Mais à son arrivée, quelle déception ! Les responsables la dévisagent avec un drôle d'air et tous lui font la même réponse : « Plus besoin de personne ! » Mary argumente : « Je connais très bien les maladies dont les soldats souffrent là-bas… », mais rien n'y fait. Mary finit par comprendre. Si on ne veut pas d'elle c'est tout simplement parce qu'elle est noire ! On a beau lui expliquer que c'est parce qu'elle n'est plus toute jeune ou qu'elle n'a pas de diplôme, elle n'est pas dupe… C'est dur à digérer. Mary reste coincée pendant des semaines à Londres, mais elle n'est pas du genre à renoncer. Elle erre dans les rues à la recherche d'une solution quand, par le plus grand des hasards, elle tombe nez à nez avec un vieil ami. Il part justement travailler en Crimée. La chance lui sourit enfin ! Mary le convainc de s'associer avec elle : « Ouvrons un hôtel juste à côté du champ de bataille. À toi la partie commerce, et moi je soignerai les soldats ! » Marché conclu.

Avec ses économies, Mary bourre ses bagages de médicaments et, après plusieurs semaines de voyage, la voilà enfin en Crimée. Aussitôt, elle se

met au travail. Comme elle veut garder le peu d'argent qui lui reste pour soigner les soldats, elle décide de construire son hôtel avec les moyens du bord et récupère tout ce qu'elle trouve : planches, portes, fenêtres, caisses en bois... Petit à petit, ça prend forme, c'est de bric et de broc mais chaleureux et presque confortable.

À sa grande surprise, Mary retrouve quelques soldats qu'elle a connus à la Jamaïque. Trop heureux de la revoir, ils ne manquent pas de vanter ses talents et, très vite, les soldats affluent. Certains parce qu'ils ne trouvent pas de place dans les hôpitaux, d'autres viennent simplement chercher de quoi tenir le coup : un plat chaud, une aiguille pour rapiécer leur uniforme... On trouve de tout chez la « Mère Seacole » comme ils l'appellent ! À celui qui peut payer, elle vend – sinon comment s'approvisionner ? – mais à tous les autres, Mary fait crédit. Et elle se démène : il faut tenir l'hôtel, trouver des provisions, des médicaments, soigner les blessés. Ceux qui sont sur place, bien sûr, mais aussi ceux qui ne peuvent pas se déplacer. Elle enfile alors sa robe jaune et bleu et son foulard coloré, pour qu'on voie bien qu'elle n'est pas un soldat, prend sa trousse de secours et part sur le champ de bataille. Mais ces précautions n'empêchent pas les obus de tomber, et Mary ne compte plus les fois où elle a dû se jeter à plat ventre pour les éviter ! Cela amuse beaucoup les soldats qui l'escortent, plus endurcis qu'elle, et Mary se laisse volontiers taquiner car elle sait qu'ils l'apprécient, voire qu'ils l'admirent un peu. Pendant toute une année, Mary sauve de nombreux soldats et les soulage du mieux qu'elle peut, en leur offrant un peu de répit et de confort. Mais c'est dur, la mort frappe tous les jours. De plus en plus souvent, de jeunes soldats qu'elle considère un peu comme ses fils lui font promettre de remettre à leur famille une lettre, au cas où... Mary promet et passe de nombreuses nuits blanches, à écouter tonner les canons, en se demandant quelle triste nouvelle lui apportera le matin...

À la fin de la guerre, beaucoup de ses protégés ne rentreront pas. Avant de partir, Mary va sur la tombe de chacun pour ramasser un caillou, une fleur séchée, un souvenir à rapporter à leur famille avec le message qu'ils lui ont confié. De nombreuses dettes restent impayées et Mary rentre ruinée. Mais tous ceux qui ont survécu grâce à elle ne l'ont pas oubliée. Apprenant la nouvelle de sa faillite, ils organisent une collecte d'argent pour payer ses dettes et, juste retour des choses, écrivent aux journaux pour chanter les louanges de cette vieille dame noire sans diplôme qui n'avait soi-disant rien à faire en Crimée.

— **FRANCE** 4 décembre 1922 • 25 novembre 1959 —

GÉRARD PHILIPE

« Le théâtre doit éveiller les consciences. »

Dès sa première apparition sur une scène de théâtre, Gérard Philipe fait sensation. Il a dix-neuf ans et incarne un fougueux adolescent qui défend l'amour face au cynisme des adultes. L'année suivante, nouvelle apparition, nouvelle révélation. Cette fois, il joue un ange. Les critiques sont unanimes, il a la grâce, le talent, la présence… Le seul ennui, c'est qu'il est si pleinement le personnage qu'il incarne que chaque fois les professionnels s'imaginent qu'il ne pourra jamais rien jouer d'autre. Pour ne pas être l'éternel adolescent ou la figure angélique qui colle à son physique, il s'ouvre au cinéma. Il n'a que vingt-cinq ans, mais est déjà gentiment intraitable. Parce que le réalisateur lui trouve les oreilles trop décollées, il se prête avec calme à une interminable séance de maquillage où on lui colle méticuleusement les oreilles. Mais juste avant d'entrer sur le plateau, « ploc », d'un petit geste vif, il les décolle. Il déteste les faux-semblants, et tournera *Le diable au corps* avec les oreilles que lui a données la nature. Ce film a un succès retentissant. Il était connu, du jour au lendemain il devient une star. Les propositions abondent, mais il ne veut pas se laisser étourdir. Il veut être un grand comédien, mais il veut aussi vivre pleinement sa vie d'homme. Avec Anne, sa femme, et bientôt leurs deux enfants, il protège sa vie privée, loin des paillettes. Chaque soir où il peut rentrer chez lui, il bondit en quelques enjambées dans la chambre de ses enfants et leur raconte une nouvelle aventure de Zoé, un personnage qu'il a inventé pour eux.

Il est à la fois rieur et grave, charmant et attentionné pour certains, odieux d'après les journalistes qu'il fuit comme la peste. Toujours insaisissable. Pour brouiller encore les pistes, il se lance dans un film de cape et d'épée. Et lui qui est tout sauf sportif, il ose des cascades abracadabrantes en refusant d'être doublé. Il court sur les toits, fend l'air avec son épée, bondit sur des chevaux et galope comme un centaure, alors qu'il n'a jamais pris de cours. En le voyant caracoler, un maître d'équitation s'amuse de la seule explication qu'il trouve : « Il est si bon acteur qu'il fait croire au cheval qu'il est un cavalier. » Gérard Philipe est capable de tout quand il incarne un personnage. Il sort du tournage de *Fanfan la Tulipe* avec le front fendu et la main transpercée par un sabre, mais le film est un succès planétaire. Les plus grands réalisateurs veulent le faire tourner, on lui propose des contrats mirobolants à Hollywood. À sa place, plus d'un aurait perdu la tête. Mais sa célébrité l'encombre plutôt, à moins qu'elle puisse être utile à l'idée qu'il se fait de son métier : proposer au plus grand nombre le meilleur de la culture. Alors, lorsque Jean Vilar lui propose de rejoindre la troupe de comédiens du Théâtre national populaire, le TNP, il n'hésite pas une seconde. Il est la vedette la plus courtisée de l'époque, mais ne veut aucun régime de faveur, son salaire est le même que pour tous les comédiens de la troupe, et sur l'affiche son nom apparaît dans l'ordre alphabétique. Il est heureux, il a trouvé comment mettre sa célébrité au service de ce théâtre auquel il croit plus que quiconque. Un théâtre authentiquement populaire, non seulement parce que le prix des places y est aussi peu cher qu'au cinéma, mais aussi parce qu'il n'est pas réservé au public habituel. La troupe joue en province, en banlieue, partout où la culture ne pénètre généralement pas. Et, surtout, le TNP s'est donné pour mission de proposer à tous les plus grandes pièces du théâtre classique. Gérard Philipe se lance à corps perdu dans cette aventure, il travaille avec acharnement chacun de ses rôles pour le dépoussiérer et lui redonner toute sa vitalité. Il veut prouver au public que le théâtre est l'expression de toutes les passions et de tous les problèmes de son temps. Qu'il joue dans une grande ville devant une salle si pleine qu'il faut mettre des haut-parleurs à l'extérieur pour les milliers de personnes qui n'ont pas pu entrer, ou dans une modeste salle de banlieue, il se donne à fond. Et c'est ainsi que jeunes et vieux de tous les milieux peuvent découvrir grâce à lui *Le Cid* de Corneille, *Lorenzaccio* de Musset, *Le prince de Hombourg* de Kleist… Toujours curieux de saisir l'impact qu'ont ces grandes pièces sur les spectateurs, il reste souvent après les représentations pour répondre aux questions, écouter et comprendre les réactions qu'elles ont suscitées.

Passionné, il ne veut rien rater de ce qui pourrait toucher ses contemporains, alors il lit et relit les grands auteurs, annotant certains rôles dans la marge : « Pour moi dans dix ans », « pour moi dans vingt ans »… Mais la vie ne lui en laisse pas le temps. Il stupéfie une dernière fois le monde entier en mourant brutalement, suite à un cancer foudroyant, alors qu'il n'a que trente-sept ans. Ce soir-là, Jean Vilar lève le rideau du TNP en disant : « La mort a frappé haut ce soir ! »

— **AFRIQUE DU SUD** Née en 1985 —

COLLET NGOBENI

« Je veux que nos enfants puissent voir des rhinocéros. »

Son rouge à lèvres et ses boucles d'oreilles contrastent avec son treillis et ses grosses rangers. Collet est une « Black Mamba ». Elle fait partie de la patrouille de femmes qui traque les braconniers pour protéger les rhinocéros, éléphants et autres animaux sauvages d'une grande réserve en Afrique du Sud.

Collet ne pouvait plus supporter l'idée que si elle ne faisait rien, ses enfants ne connaîtraient jamais ces animaux magnifiques avec lesquels elle a grandi. Pour intégrer la patrouille, elle a suivi un entraînement, un peu comme à l'armée : elle a enchaîné des centaines de pompes pour se muscler, s'est initiée à des techniques de combat au corps à corps, a appris à identifier tous les animaux et à reconnaître leurs empreintes… Dès qu'elle a été prête, camouflée dans son uniforme militaire, elle a commencé sa traque. Un vrai travail de détective, il faut pister la moindre trace : une empreinte de pas dans le sable, un reste de feu, un morceau de grillage arraché pour remonter jusqu'aux pièges que les braconniers ont laissés. Certains jours, Collet et ses collègues réussissent à détruire une trentaine de pièges… D'autres jours, elles arrivent trop tard et trouvent des animaux déjà blessés. Il faut alors les dégager et les soigner avant de les relâcher, mais Collet s'y connaît : « La plupart d'entre nous sommes des mamans. Soigner les autres, on sait faire ! » dit-elle. Pister les pièges n'est pas évident mais intimider les braconniers l'est encore moins, d'autant que les Black Mambas ne portent aucune arme. Pas très rassurée au début, elle a dû installer des barrages sur les routes, fouiller les voitures de braconniers souvent armés et baraqués, et apprendre à s'imposer en leur passant parfois les menottes.

Depuis six ans, de jour comme de nuit, Collet et les Black Mambas ont obtenu des résultats étonnants : le braconnage a diminué de plus de trois quarts. « Tout le monde nous disait que c'était un travail d'hommes mais moi, j'ai toujours su que ça marcherait », sourit la jeune patrouilleuse. Car le seul fait qu'elles puissent surgir à tout moment, à l'image du « mamba noir », ce serpent africain au venin particulièrement dangereux, suffit à éloigner les braconniers !

APU

— **BRÉSIL** 7 février 1909 • 27 août 1999 —

DOM HÉLDER CÂMARA

« Quelle religion ne sait pas que sans justice, la paix est mensongère ? »

Un ciel *helder* signifie un ciel sans nuage, en Hollande. Quand il est né, son père, pas très inspiré, a choisi ce prénom au hasard, en ouvrant un dictionnaire. Ce qui n'empêche pas Hélder de l'aimer : « C'est sans complication, ça me va assez bien ! » souffle-t-il dans un sourire. À le voir si frêle sous sa soutane, on a du mal à croire qu'il ait pu faire trembler une dictature militaire. Et pourtant, depuis qu'il a été nommé évêque dans une des régions les plus pauvres du Brésil, il y a comme un vent de révolution dans l'air.

En arrivant à Recife, dom Hélder a déjà conscience de la pauvreté qui l'entoure. Il vient de passer vingt-huit ans à Rio, il connaît les favelas, ces immenses bidonvilles où les gens vivent dans une misère totale. Mais à Recife règne une autre forme de misère, pire encore. Des milliers de malheureux travaillent comme des esclaves, exploités par de riches propriétaires terriens qui ne leur laissent même pas de quoi se nourrir. À peine arrivé, Hélder assiste à une scène qui le marque : un jeune père de famille s'évanouit en pleine rue. Il n'avait rien mangé depuis six jours. Face à une telle pauvreté, dom Hélder ne s'imagine pas un instant vivre retranché derrière les murs de son palais épiscopal, à se faire servir comme un prince. Il fait valser les usages et part s'installer dans une modeste maison au milieu des plus pauvres. Très vite, le bruit se répand que le nouvel évêque est un homme simple et à l'écoute, on frappe à sa porte jour et nuit. Il n'a plus une seconde à lui. Il se lève tous les jours à deux heures du matin pour avoir le temps de méditer et de prier. Il veut être disponible pour chacun. Il n'a jamais oublié ce que sa mère lui avait dit, lorsqu'enfant il lui avait demandé : « Maman, quelle est la personne la plus importante au monde ? » Elle avait plongé ses yeux dans les siens et lui avait simplement répondu : « C'est la personne qui est en face de toi. » Depuis, dom Hélder ne rencontre que des personnes importantes. Si un paysan vient le voir parce qu'il est au bord de la famine, il l'écoute, et ne le laisse pas repartir sans avoir écrit à un ami pour qu'il lui trouve un travail et s'occupe de lui comme d'un frère. Pour chacun il se décarcasse et parvient presque toujours à trouver une solution. Beaucoup de gens sont malades et ne peuvent pas acheter de quoi se soigner, alors

Hélder crée une banque spéciale qui distribue gratuitement des médicaments… Mais dom Hélder a beau faire du mieux qu'il peut, il sent que la situation est grave. Si rien ne se passe, des révoltes sanglantes vont finir par éclater… Alors, il décide de réunir tous les évêques du pays et il leur explique : « Il faut que nous nous battions pour plus de justice. C'est notre rôle d'aider le peuple, sans quoi, tôt ou tard la violence deviendra inévitable. » Sur les deux cent cinquante-trois évêques présents, seuls quarante-trois vont répondre à son appel, c'est peu et pourtant cela va suffire à changer les choses. Ensemble, ils lancent un grand programme d'alphabétisation dans les campagnes. Des milliers de professeurs improvisés apprennent à lire aux paysans, par petits groupes. Et ils n'apprennent pas à lire avec la Bible ou un manuel scolaire : dom Hélder et ses camarades évêques ont rédigé un petit manuel plutôt original dans lequel les paysans peuvent lire des phrases comme : « Il travaille pour soutenir la famille, pourtant la famille de Pierre a faim. Est-ce juste que la famille de Pierre ait faim ? Est-il juste que le peuple ait faim ? » ou encore « Le peuple du Brésil est exploité. Comment délivrer le pays de cette situation ? » Car le but de dom Hélder n'est pas seulement d'apprendre à lire aux paysans, c'est aussi d'éveiller leur conscience, de leur ouvrir les yeux sur leurs droits.

Le gouvernement, qui jusqu'ici aimait plutôt bien ce petit prêtre qui luttait contre la pauvreté à sa place, commence à sérieusement s'inquiéter. Dom Hélder ironise : « Quand je donne à manger aux pauvres, on dit que je suis un saint, mais si je demande pourquoi ils n'ont rien à manger, on me traite de révolutionnaire ! » Un brin rebelle, le père Hélder ? Peut-être. Courageux, surtout. Car les militaires qui sont au pouvoir sont prêts à tout pour le faire taire. De nombreuses personnes autour de lui sont arrêtées, emprisonnées et torturées. Dom Hélder est menacé de mort, mais il s'en moque, ceux qu'il défend sont plus importants à ses yeux que sa personne. Bientôt, il n'a plus le droit de s'exprimer en public dans son pays, le simple fait de prononcer son nom est interdit. Puisqu'on veut le bâillonner ici, il part voyager partout en Europe pour y dénoncer les tortures que son peuple subit. Et lui, naturellement si discret et si doux, se métamorphose : il se découvre d'étonnants talents d'orateur. De son corps tout menu s'échappe une voix puissante et passionnée car, lorsqu'il parle d'injustice et de pauvreté, il voit les visages de tous ceux dont il a partagé la vie et qui souffrent.

Dom Hélder va se battre pendant plus de vingt ans. Avec tous ceux qui le rejoignent, il soutient le peuple jusqu'à ce qu'il renverse la dictature. Une victoire qui n'aurait sans doute jamais été possible sans la détermination de ce petit agitateur en soutane, qui aimait dire : « Lorsque l'on rêve tout seul, ce n'est qu'un rêve mais si on rêve à plusieurs, c'est le commencement de la réalité. »

— **FRANCE** Née le 29 novembre 1980 —

AURÉLIE FERON

« J'avais juste envie d'accueillir, comme j'avais été accueillie ici. »

Aurélie est en train de s'affairer pour préparer la chambre d'un invité. Elle vide les armoires, retourne le matelas et prépare un bon lit pour son hôte. La situation est un peu particulière car elle ne connaît pas encore celui qu'elle va accueillir.

Il y a quelques jours, Aurélie et ses voisins ont décidé d'accueillir chez eux des réfugiés qui dorment dans la rue à Grenoble, faute de place dans les foyers. Elle a proposé à tous ceux qui étaient partants de se retrouver chez elle pour voir ensemble ce qu'ils pourraient faire. Elle avait confiance dans le sens de l'hospitalité de ses voisins. Quand elle a rejoint Julien, son amoureux, sur ce plateau perdu au milieu des montagnes, elle ne connaissait personne. Mais très vite, les habitants du hameau l'ont aidée à se sentir chez elle. Il y a dans ce petit coin de montagne un sens de l'entraide qui n'est pas banal, et qu'Aurélie apprécie par-dessus tout. Comme elle s'y attendait, ce soir-là, chacun s'est proposé en fonction de ses moyens, ceux qui ont de la place offriront le toit et le couvert, les autres pourront aider dans l'apprentissage du français ou les démarches administratives. Jusque-là, ça lui semblait tout simple, mais à l'approche de l'arrivée de son hôte, le stress commence à monter. Avec son travail, les trois enfants de Julien, et ses diverses activités, comment va-t-elle faire ? Elle ne se voit pas se transformer en gérante d'hôtel non plus ! Dans sa tête, rapidement, elle fait les questions et les réponses : « Quand j'accueille mon frère ou un ami, si c'est pour trois jours, je lui prépare de bons petits plats, mais si c'est pour quinze jours, je lui demande de participer, c'est normal quand même ! Après tout, je n'aurai qu'à faire pareil… », conclut-elle.

Si bien que, quand Souvé arrive, elle le met au parfum en toute simplicité : les horaires des repas, les habitudes de la famille, et le fait qu'il est chaleureusement invité à participer. Arrive l'heure du premier dîner. Souvé a vingt-six ans, il est originaire du Congo et vient de passer plusieurs mois à la rue, alors forcément, tout le monde est un peu impressionné. Comment l'aider à se sentir à l'aise ? Heureusement, les enfants sont là, et ils le bombardent de questions : « Est-ce que tu vis dans une hutte, comme Kirikou ? » demande le cadet. Souvé le regarde avec des yeux ronds puis un sourire se dessine sur son visage. En tapotant sur son portable, il fait apparaître une photo d'une grosse ville pleine de grands immeubles. Devant les mines éberluées des enfants, Aurélie rit de bon cœur : « Il habitait à Kinshasa, la capitale ! » La glace est rompue.

Peu à peu, la vie s'organise. Quand Aurélie part travailler, Souvé s'occupe de ses démarches administratives et donne un coup de main à la banque alimentaire de Grenoble, qui l'a secouru quand il était à la rue. Aurélie est complètement rassurée. Souvé se sent même assez à l'aise pour prendre des initiatives. Un soir, en rentrant, elle découvre son potager tout beau, tout biné ! Dans son élan, les framboisiers y sont passés aussi, mais c'est du travail de pro. En entendant Aurélie vanter les talents de Souvé, un vieil agriculteur du coin va d'ailleurs lui proposer du travail... Et comme le monde est petit, Souvé va même rencontrer un autre réfugié de son pays, accueilli dans une autre famille du plateau ! Au Congo, ils étaient dans deux camps opposés mais, loin de la guerre, ils deviendront amis.

Maintenant Souvé est pris en charge par le gouvernement et il vit dans un foyer. Il a laissé sa chambre à d'autres réfugiés. Petit à petit, l'initiative spontanée d'Aurélie et de ses voisins s'est structurée. Ils lui ont même donné un nom : « Un toit sur un plateau ». En vérité, la bande qui habite ce plateau offre beaucoup plus qu'un toit. Comme le dit Nanga, qui a succédé à Souvé : « Ici, j'ai commencé à me consoler en paix. »

— **CHINE** Haixia : né en 1961 • Wenqi : né en 1962 —

JIA WENQI & JIA HAIXIA

« Quand on travaille ensemble, on ne fait plus qu'un. »

Il y a des moments dans la vie où l'on doute d'être capable de faire ce qui nous tient à cœur. Toutes sortes de questions nous trottent dans la tête : est-ce que je vais être à la hauteur ? Est-ce que j'ai les moyens d'y arriver ? Si Wenqi et Haixia s'étaient posé toutes ces questions, les habitants de Yeli n'auraient jamais vu une forêt sortir de terre pour lutter contre la pollution qui ravage leur région. Car, a priori, les deux amis n'étaient pas vraiment taillés pour devenir des gardes forestiers de compétition. En effet, Wenqi a perdu ses bras dans un accident à l'âge de trois ans et Haixia est aveugle. D'ailleurs, quand Wenqi a lancé l'idée, Haixia a manqué de s'étouffer. Lui qui n'arrive même plus à faire vivre sa femme et son fils, voilà que Wenqi lui parle de planter une forêt de l'autre côté de la rivière ! Haixia les imagine, essayant de planter un arbre, l'un sans ses bras, l'autre sans ses yeux et, pour la première fois depuis son accident, il sent un grand éclat de rire monter dans sa gorge. Wenqi insiste : « Ce serait utile, ça ferait un poumon d'air frais », poursuit-il. « Se sentir utile »... Ces mots résonnent dans le cœur d'Haixia. Il ne demande que ça mais... Tout à coup, il revoit son ami alors qu'ils étaient enfants. Il y avait une partie d'échecs ? Wenqi avançait les pions avec ses orteils. Ils allaient nager dans la rivière ? Wenqi était le premier à plonger ! Il est même devenu célèbre pour avoir sauvé deux enfants qui allaient se noyer en les ramenant avec ses dents. Soudain, Haixia comprend : son ami ne s'est jamais demandé s'il y arriverait, il essayait, c'est tout. « C'est d'accord, dit-il, je serai tes bras et tu seras mes yeux ! »

Cela fait plus de seize ans maintenant que, chaque matin, le petit Haixia traverse la rivière sur le dos du grand Wenqi. Puis, hissé sur ses épaules, il grimpe aux arbres pour prendre des boutures, tandis que Wenqi le guide en lui indiquant les meilleurs passages. Au début, leur projet a fait sourire les villageois mais, depuis qu'ils ont réussi à planter près de treize mille arbres, les moqueries ont cessé. Et, récompense bien méritée, le travail d'Haixia et de Wenqi est salué par le gouvernement qui les paie maintenant pour le faire. Haixia n'a donc plus à s'en faire pour sa famille !

— **FRANCE** 7 mai 1748 • 3 novembre 1793 —

OLYMPE DE GOUGES

« Femme, réveille-toi… reconnais tes droits ! »

Olympe vit sa dernière nuit en prison, elle sera guillotinée demain. Dans sa sinistre cellule, elle écrit : « Adieu mon fils, mon cher fils, je ne serai plus quand tu recevras cette lettre, adieu, je meurs innocente. » Elle a quarante-cinq ans, et se retrouve condamnée à mourir pour avoir osé rêver un monde plus juste.

Comment une jeune fille élevée avec si peu d'instruction est-elle parvenue à se faire entendre pour dénoncer toutes les injustices de son temps ? Mystère… Pourtant, quand elle écrit une pièce de théâtre pour dénoncer l'esclavage, c'est un véritable scandale pour tous ceux qui tirent leur fortune de ce triste commerce (bien nombreux à l'époque !). La pièce est rapidement interdite. Olympe évite de peu la prison et reçoit des menaces de mort, mais tant pis, elle continue. Elle écrit dans un journal une longue lettre au peuple pour proposer des réformes qui lui semblent indispensables. Les vieillards meurent dans des lieux puants et misérables, elle propose de réorganiser les hôpitaux et de créer les premières maisons de retraite. Elle sait qu'une femme sur quatre meurt en accouchant, elle réclame des maternités. Elle voit beaucoup de terres en friche, et des paysans qui meurent de faim, elle propose de donner les terres à ceux qui les travailleront. Quand Olympe voit un problème, elle cherche une solution. Il n'y a plus d'argent dans les caisses de l'État pour mener à bien ces réformes ? Elle invente l'impôt sur la fortune : que ceux qui ont beaucoup donnent pour ceux qui n'ont rien.

Olympe rêve de rendre son pays plus juste mais elle sait bien que seule, elle n'y arrivera pas. Ce qu'elle veut, c'est réveiller ses compatriotes et en particulier les femmes, alors elle partage ses idées par tous les moyens possibles : elle fait imprimer à ses frais des brochures et des affiches qu'elle placarde partout dans Paris. Elle commence à déranger sérieusement tous ceux qui tirent profit des inégalités, alors ils essaient de la tourner en ridicule. Comme la plupart des femmes de l'époque qui n'ont pas reçu d'instruction, elle sait à peine lire et écrire : on se moque de ses fautes d'orthographe. Elle est

paraît-il d'une beauté exceptionnelle : on fait courir le bruit qu'elle vit de ses charmes. Elle répond sans se démonter à ceux qui la critiquent : on lui reproche de ne pas avoir la langue dans sa poche.

Quand la Révolution de 1789 éclate à Paris, Olympe reprend espoir. Enfin, les injustices vont être réparées ! Enfin les plus démunis vont avoir une vie digne ! Enfin l'égalité entre les hommes et les femmes sera reconnue... Mais, très vite, elle tombe de haut. Quand elle veut monter à la tribune de l'Assemblée pour prendre part aux débats, on lui en refuse l'accès, ce n'est pas la place d'une femme ! Olympe est stupéfaite. Alors, comme ça, les hommes espèrent mener leur révolution sans les femmes ? Se priver d'une moitié du peuple ? C'est insensé ! En réponse à la « Déclaration des droits de l'homme et du citoyen », elle rédige la « Déclaration des droits de la femme et de la citoyenne », dans laquelle elle déclare que « la femme naît et demeure égale à l'homme en droits ». Elle réclame pour toutes les femmes le droit de vote, le droit de propriété, celui d'avoir un métier... Bref, celui d'être une citoyenne à part entière. « Si une femme a le droit de monter à l'échafaud, elle doit avoir également le droit de monter à la tribune », écrit-elle dans l'article 10. On lui rit au nez, mais Olympe ne lâche rien. Elle imprime des milliers de tracts pour inciter les femmes à se réveiller, mais celles-ci restent désespérément muettes. Il faut dire que la Révolution est entrée dans une phase d'extrême violence qu'on appelle « la Terreur ». La guillotine fonctionne tous les jours, on coupe les têtes à tour de bras, tout le monde a peur. Tout le monde sauf Olympe, semble-t-il, qui dénonce cette violence et s'oppose farouchement à la peine de mort. Elle rappelle à ceux qui coupent les têtes, notamment à Robespierre, qu'ils salissent leur idéal. On ne le lui pardonnera pas. Elle est arrêtée le 20 juillet 1793, sous prétexte qu'elle serait contre la Révolution ! À son procès, aucun avocat ne veut prendre sa défense, elle se défendra donc elle-même. Mais le verdict était écrit d'avance...

La tête d'Olympe tombe le 3 novembre 1793. Le procureur, un certain Pierre Gaspard Chaumette, saluera ce crime en écrivant : « Rappelez-vous l'impudente Olympe de Gouges qui abandonna les soins du ménage pour se mêler de la République ! » Une impudente à qui l'on doit tant d'idées qui seront adoptées près d'un siècle plus tard comme des évidences...

— **ÉTATS-UNIS** 7 février 1919 • 23 mars 2006 —

DESMOND DOSS

*« Je voulais servir mon pays,
mais je me devais de le faire selon ma conscience. »*

Desmond est encore enfant quand sa grand-mère lui demande de tuer une portée de chatons. Cette perspective ne l'emballe pas, c'est le moins qu'on puisse dire, mais voilà, sa grand-mère lui promet tout de même sept sous s'il le fait ! Une fortune qui lui permettrait d'acheter le jouet dont il rêve depuis si longtemps… Alors, à contrecœur, Desmond noie les chatons. Par la suite, il ne se souviendra pas s'il a accepté l'argent de sa grand-mère mais le sentiment qu'il a éprouvé, lui, il se le rappellera longtemps : cette impression d'être sale en dedans, comme une tache, ce poids qui ne voulait plus partir… Écœuré, il se jure qu'il ne tuera plus jamais. Personne, quoi qu'il en coûte.

Desmond a vingt-trois ans quand son pays, les États-Unis, entre en guerre contre le Japon. Aussitôt, il se porte volontaire. Mais, quand vient le premier entretien et qu'il explique à l'instructeur qu'il refuse de tuer et ne portera donc pas d'arme, celui-ci le regarde avec des yeux ronds. Cependant une loi l'y autorise, Desmond intègre donc l'armée comme infirmier. Dans sa garnison, le bruit se répand rapidement que le nouveau refuse de porter une arme, et bientôt tous les soldats se moquent du petit gringalet un peu timide qui a la trouille d'affronter l'ennemi. Ses camarades, qui passent leur temps à jouer aux durs pour se donner du courage, mettent un point d'honneur à le malmener. Toute la journée, Desmond entend ricaner dans son dos : « Tiens, v'là le planqué ! » Quand ce ne sont pas les moqueries, il reçoit carrément des coups et des bottes en pleine tête. Desmond ne se laisse pas impressionner et, chaque fois que le capitaine lui demande d'où viennent ses bleus, il refuse de donner le moindre nom. Après de longues semaines d'entraînement, sa garnison est envoyée au Japon, direction Okinawa. Desmond sait que ça ne va pas être une partie de plaisir : les Japonais sont connus pour être des adversaires redoutables qui s'attaquent en priorité aux infirmiers, une façon d'empêcher les secours aux blessés et de démoraliser les soldats. Son capitaine a insisté pour qu'il porte une arme, ne serait-ce que pour se défendre, comme tous les infirmiers, mais Desmond s'est obstiné : il ne veut pas tuer, donc il ne prendra pas d'arme !

Le 29 avril, sa division s'apprête à entrer dans la bataille. Les gars ont pour mission d'escalader une falaise pour s'emparer d'une position au sommet. À peine arrivés en haut, les voilà pris en embuscade. Les Japonais les attendaient et les mitraillent. C'est un tel carnage que ceux qui le peuvent encore rebroussent chemin pour redescendre. Mais Desmond, qui est monté sur la falaise avec les autres, décide de rester. Malgré les tirs continus et les grenades japonaises, il court d'un blessé à l'autre, administre de la morphine pour soulager la souffrance de l'un, bricole un garrot pour tenter de sauver la jambe d'un autre... Sa trousse de secours se vide rapidement, d'autant qu'il n'a pas voulu laisser souffrir un soldat japonais et lui a donné une de ses précieuses doses de morphine. Ses camarades ont besoin de soins urgents, s'il les laisse là, les Japonais vont les achever. Il ne voit qu'une solution : il faut leur faire redescendre la falaise, et vite ! Le maillage de corde qui leur a permis de monter est encore en place. Avec ce qu'il en reste, Desmond espère pouvoir les attacher et les faire descendre un à un. Il repère une souche d'arbre au bord de la falaise, pile ce qu'il lui faut pour lui servir de poulie et ne pas être emporté par leur poids... il attrape un premier blessé et le porte en courant jusqu'au bord de la falaise, se jetant plusieurs fois à plat ventre pour éviter les tirs. Une fois au bord du vide, il l'attache avec des nœuds bien serrés et commence à le descendre. C'est lourd, et pendant ce temps-là il est une cible facile pour les Japonais. Mais à peine le premier blessé a-t-il touché le sol qu'il repart en chercher un second... puis un troisième...

À la fin de la journée, Desmond aura sauvé plus de soixante-quinze hommes. Pas si mal pour un planqué ! Une fois la guerre terminée, il recevra la plus haute médaille militaire des mains du président américain. Une grande première pour un homme qui a refusé de porter les armes.

— **ÉTATS-UNIS** 20 février 1805 • 26 octobre 1879 —

ANGELINA EMILY GRIMKÉ

« Je refuse de rester muette, alors que nos frères vivent attachés. »

Angelina est la quatorzième enfant d'une riche famille qui vit en Caroline du Sud. Une petite dernière qui déroute ses parents par son caractère… Car elle n'a pas sa langue dans sa poche : elle dit ce qu'elle pense et, souvent, elle ne pense pas comme eux. Alors que ses parents sont propriétaires d'une grande plantation sur laquelle travaillent de nombreux esclaves, Angelina se révolte très tôt contre l'esclavage. En douce, elle apprend à lire à certains d'entre eux.

Alors qu'elle n'a que treize ans, une triste découverte va la marquer pour toujours. Un jeune esclave se penche devant elle, et tandis que sa chemise remonte sur son dos, Angelina découvre de grosses plaies ensanglantées. Des marques de fouet, si impressionnantes qu'elle s'évanouit. Quand elle reprend connaissance, sa grande sœur, Sarah, est là pour tenter de la réconforter. Dès lors, elles ne cesseront de se soutenir l'une l'autre pour combattre l'esclavage. Angelina met toute son énergie à convaincre ses parents de libérer leurs esclaves, mais ils ne veulent rien entendre. Alors, elle les quitte et rejoint Sarah dans le nord du pays, où les gens sont plus ouverts sur ce sujet. De là, elle écrit au directeur d'un journal qui lutte contre l'esclavage. Sa lettre est si forte qu'il la publie et, du jour au lendemain, elle se retrouve conviée à raconter son expérience de l'esclavage un peu partout aux États-Unis. Sa parole a du poids car Angelina vient du Sud, et elle témoigne de ce qu'elle a directement vécu et vu. Il lui faut du cran pour s'exprimer devant les foules car ses adversaires n'hésitent devant rien pour la faire taire. Un soir où les esprits se sont particulièrement échauffés, ils brûlent le bâtiment dans lequel elle vient de s'exprimer… Mais personne ne parvient à lui dicter ce qu'elle doit penser ou faire. Quand elle apprend que son frère, qui vient de mourir, a eu trois enfants avec une esclave, elle les accueille tout de suite chez elle et prend soin de leur éducation. Il lui faudra attendre d'avoir soixante ans pour voir l'esclavage enfin aboli, mais Angelina pourra être fière : ses neveux grandiront en hommes libres et militeront avec passion pour l'égalité entre Blancs et Noirs.

— **FRANCE** Septembre 2016 —

VICTOR DELZENNE

« Jouer, c'est bien, mais aider les autres, c'est mieux ! »

Victor est en CE2. Depuis la rentrée, ses affaires n'arrêtent pas de disparaître, à tel point que sa mère s'inquiète. Peut-être qu'il se fait racketter par des plus grands ? Mais en glissant son goûter dans son cartable, elle tombe sur une petite affiche que Victor semble avoir bricolée lui-même. Dessus, il est écrit « FEUTRES ET COMPAGNIE. Ramenez vos feutres qui marchent encore, pensez à ceux qui n'ont rien. » Intriguée, elle va le trouver et ce qu'elle découvre l'épate…

Non, Victor ne se fait pas racketter. Si ses affaires disparaissent, c'est qu'il les prête ! Il ne supporte plus de voir certains de ses copains se faire gronder par la maîtresse parce qu'ils n'ont jamais ce qu'il faut. Pour leur éviter ça, il a commencé à leur prêter ses affaires. Et puis, en repensant à sa trousse de l'année dernière, il a eu une idée… Pourquoi ne pas donner ses anciens feutres ou tubes de colle qui marchent encore et demander aux autres de faire pareil ? Avec l'aide de quatre copines, il a dessiné des petites affiches qu'il a collées partout dans l'école. Et la récolte a été bonne : petit à petit, les placards des uns se sont vidés pour remplir les trousses des autres… Sa maman n'en revient pas : Victor a organisé ça tout seul, sans même lui en parler ! Dorénavant, s'il a besoin d'aide, il peut compter sur elle. Ça tombe bien, parce qu'à force de demander à tout le monde, Victor commence à recevoir beaucoup de fournitures ! Des colis arrivent maintenant d'autres écoles. Une petite annonce sur Facebook et, bientôt, le salon de la maison ne suffit plus. Il y a même des entreprises fabriquant des cahiers qui lui envoient du matériel tout neuf ! Stylos, tubes de colle, classeurs et manuels scolaires s'amoncellent jusque dans l'abri du jardin. Avec l'aide de sa mère, il contacte des centres d'aide sociale et des mairies, pour qu'elles s'occupent de les redistribuer là où c'est nécessaire. À ce jour, Victor a récolté plus de deux tonnes et demie de fournitures. De quoi équiper beaucoup d'enfants ! Mais sa plus grande fierté, c'est d'avoir pu aider les enfants de l'île de Saint-Martin, juste après que l'île a été dévastée par un ouragan.

— **RUSSIE** 28 août 1828 • 7 novembre 1910 —

LÉON TOLSTOÏ

« De toutes les sciences, la principale est de savoir vivre en faisant le moins de mal possible. »

Léon Tolstoï est un des plus grands écrivains russes. Parmi ses œuvres les plus célèbres, il y a *Guerre et paix*, une fabuleuse fresque qu'il a mis dix ans à écrire, et qui reste un des chefs-d'œuvre de la littérature. Où a-t-il puisé l'inspiration pour faire ressentir l'âme de ces personnages, qu'ils soient hommes, femmes, jeunes, vieux ou pauvres, lui qui est le riche comte Léon Tolstoï ? Il se sert de sa vie et il fait partie de ces hommes qui donnent l'impression d'en avoir vécu mille ! Romancier, militaire, noble, paysan, athée, mystique, débauché, repenti, père de treize enfants... Il est complexe, multiple, perpétuellement insatisfait. Il tient un journal intime dans lequel il se dévoile avec une rare lucidité. C'est son laboratoire : il y mêle ses observations et les règles de conduite qu'il veut s'imposer, tout en s'irritant de ne pas toujours arriver à les tenir. Par souci de vérité, lorsqu'il tombe amoureux de la femme qu'il veut épouser, il le lui donne à lire, pour qu'elle sache tout de ses vices et de ses bassesses avant de se décider. Tolstoï a la passion de la justice, de l'égalité, de ce qu'il nomme « le bien » et qu'il ne cessera de chercher sans avoir jamais le sentiment de l'atteindre. Chaque expérience le marque et le transforme. De sa vie à l'armée où il s'est engagé jeune, il garde pour le restant de ses jours une aversion pour la violence. Alors qu'il est un écrivain adulé, il décide de se retirer sur ses terres à la campagne. Là, en voyant vivre ses serfs, les paysans qui entretiennent son domaine, il prend conscience de l'injustice de leur condition. Ils n'ont aucun droit et ne possèdent rien, ni la maison qu'ils occupent, ni la terre qu'ils travaillent. Ne supportant plus de voir ces hommes vivre comme des esclaves, Tolstoï veut leur donner ses terres. Mais, à son grand étonnement, ceux-ci refusent. Il est stupéfait : pourquoi ne veulent-ils pas la liberté ?

S'ouvre alors un nouveau chapitre de sa vie, moins connu que tous les autres. Convaincu que c'est dans l'enfance que l'on apprend à se sentir libre, il veut créer une école pour les enfants de ses serfs. Il dévore tous les ouvrages qu'il peut trouver sur la pédagogie, puis voyage en Europe pour voir comment on éduque les enfants ailleurs. Il rentre dépité car partout l'enseignement

АБВГДЕ
ЕЖЗИЙК
ЛМНОПР
СТУФХ
ЧШЩЪ
А Б

lui paraît brutal : on remplit la tête des élèves de force, au mieux on les récompense, au pire on les punit ! Il ironise dans son journal : « Le bâton serait-il l'essence de la pédagogie ? » Peu à peu, les contours de son école idéale se dessinent. Il met un point d'honneur à respecter la personnalité de chaque enfant et à les initier à la liberté par la liberté. Comment pourrait-il leur apprendre à être libres en leur imposant en permanence quoi penser ? Et comment pourrait-il leur dire que la violence est mauvaise s'il exerce sur eux ce qu'il pense être la pire des violences : la violence morale ? L'essentiel pour lui, c'est que les enfants soient dans de bonnes conditions pour réfléchir par eux-mêmes. C'est le goût du savoir qu'il souhaite leur donner. Et pour avoir envie de chercher, il lui semble indispensable qu'ils aient le droit de se tromper, de douter… Tolstoï est convaincu que c'est le seul chemin capable de mener à une humanité plus respectueuse et fraternelle. Exalté par ce projet, il mène lui-même la classe, imaginant par exemple des concours d'écriture : il écrit quelques lignes, les enfants le corrigent à haute voix, imaginant d'autres formulations, des situations nouvelles… Heureux élèves qui ont écrit à plusieurs mains un texte avec Tolstoï ! Et heureux Tolstoï aussi car, de toutes les vies qu'il a pu mener, c'est la seule qui semble l'avoir comblé. Peu de temps avant sa mort, quand un ami demande à cet éternel insatisfait s'il a jamais éprouvé un instant de contentement, Tolstoï répondra : « Oui, lorsque je me suis occupé des enfants »…

— **INDE** Née le 5 novembre 1952 —

VANDANA SHIVA

« Dans les semences repose la démocratie, notre nourriture et notre futur. »

La salle est pleine à craquer quand une petite femme à la bouille ronde et joviale apparaît, saluée par une salve d'applaudissements enthousiastes. Les pieds nus dans ses sandales, elle porte un sari de coton traditionnel et, sur le front, un gros point rouge que l'on appelle un tipki. Pas tout à fait l'image que l'on se fait d'une guerrière acharnée, et pourtant, si Vandana est acclamée ce soir, c'est parce qu'elle se bat farouchement depuis plus de trente ans pour défendre la nature et les hommes face aux abus d'industriels ultra-puissants. Un combat inégal qui a commencé un peu par hasard, un jour de mars 1987.

Curieuse de nature, Vandana accompagne alors sa sœur à un séminaire en Suisse sur un sujet obscur, une invention récente : les OGM, des graines modifiées en laboratoire pour produire plus ou être plus résistantes. Ce sont des graines de maïs ou de soja qui doivent servir à nourrir les animaux d'élevage. Sa sœur, médecin, s'intéresse aux effets que ces nouvelles graines pourraient avoir sur la santé des hommes. Mais c'est tout autre chose qui retient l'attention de Vandana. Elle entend parler de « brevetage du vivant », de « biotechnologies », de « brevets d'invention ». Tout cela est nouveau et ils emploient des mots si compliqués que, dans la salle, personne ne semble bien comprendre de quoi il s'agit. Vandana est une brillante scientifique, et elle traduit instantanément dans sa tête : cette histoire de « brevetage du vivant » signifie qu'après avoir transformé certaines graines dans leur laboratoire, les industriels déposent un brevet qui les déclare à la fois inventeurs et propriétaires de ces graines. Vandana ne peut s'empêcher de se demander : « Ces graines, c'est la nature qui les a créées. Peuvent-ils s'en déclarer inventeurs parce qu'ils les ont légèrement modifiées ? Et s'ils en deviennent propriétaires, qu'adviendra-t-il de tous ces paysans qui, jusqu'à présent, se les échangeaient librement ? » Elle s'inquiète pour eux. D'autant que, à mots couverts, les représentants des différents laboratoires parlent maintenant de la nécessité de se regrouper pour devenir plus puissants... Vandana commence à imaginer le pire. Les scientifiques sont peut-être de bonne foi en voulant améliorer les graines, mais les industriels vont sûrement vouloir les vendre pour s'enrichir. Et si, une fois devenus assez puissants pour imposer leur loi, ils essayaient de faire interdire les graines « non modifiées », pour mieux vendre les leurs ? Que deviendraient les millions de variétés que les paysans cultivent depuis des millénaires ? Elle ne le sait que trop : faute d'être utilisées, elles disparaîtraient à jamais. Elle regarde autour d'elle, personne ne semble réagir. Est-elle la seule à pressentir un danger ? Dans l'avion qui la ramène chez elle, encore assez secouée par ce qu'elle vient d'entendre, Vandana tente de remettre de l'ordre dans ses pensées. Elle est vive et avant même d'atterrir, ça y est, elle a élaboré un plan : elle va collecter toutes les graines qu'elle peut trouver et les mettre à la disposition des paysans pour éviter qu'elles ne disparaissent.

Sans perdre une seconde, Vandana part sur les routes de son enfance, aux pieds de l'Himalaya. Munie de dizaines de petits sacs, elle fait le tour des villages, raconte aux paysans ce qu'elle redoute, et leur explique son projet. Comprenant le danger, les paysans jouent le jeu et les sacs de Vandana se remplissent rapidement de toutes sortes de variétés anciennes de riz, de blé ou de millet. Il faut faire vite, car ce qu'elle craignait est déjà en train d'arriver : les industriels se sont regroupés, ils ont maintenant des moyens colossaux. S'ils décident de faire interdire les graines paysannes, ils ne vont pas perdre de temps. Avec Darwan, un ami, ils se partagent le travail. Lui va marcher de village en village pour collecter des graines, pendant que Vandana organise ce qu'elle appelle la banque de graines. Elle doit trouver un endroit où les stocker, et une façon de les conserver. Le but étant que ces graines se multiplient, s'échangent. Vandana met en place un système tout simple : chacun peut venir se servir gratuitement mais, après la récolte, quand les plantes auront donné de nouvelles graines, il devra en renvoyer une partie à la banque, ou les offrir à d'autres paysans.

Quelques années plus tard, quand la loi interdit effectivement aux paysans d'échanger leurs graines, la banque de Vandana en a sauvé une grande partie, et son système de troc marche si bien que plus de cinq cent mille paysans continuent de le pratiquer pour protéger leur liberté. Nombreux sont ceux qui avaient pris Vandana pour une folle, mais elle avait vu juste. Il lui reste à prouver que son combat n'est pas celui d'une femme hostile à tout progrès, mais que c'est bel et bien pour la vie qu'elle se bat. Car les fameux OGM sont maintenant cultivés depuis quelques années et les résultats sont bien décevants : si la récolte est bonne la première année, elle ne fait que baisser par la suite car la terre s'appauvrit, et les paysans aussi. Vandana veut démontrer à quel point la variété des graines paysannes est précieuse, et comme chacune a son utilité. Alors, elle réunit des chercheurs, et les emmène sur un terrain aride où, malgré toute la technologie, rien n'a poussé depuis plus de vingt-cinq ans. De l'avis général, cette terre est fichue. Pourtant, deux ans plus tard, quand les chercheurs reviennent, la démonstration est bluffante : avec Darwan, ils ont trouvé, parmi toutes les graines qu'ils avaient collectées, celles qui étaient les plus adaptées à ce terrain-là. Et elles ont pris ! Mieux encore, elles ont nourri la terre, qui commence à se réparer... Autant de qualités qui feraient pâlir de jalousie leurs cousines industrielles !

MARK & ISMINI SVENSSON

« Ce sont souvent les petites attentions qui rendent la vie plus gaie. »

Ismini est une belle jeune fille d'origine grecque, Mark un grand gaillard sportif et souriant. Quand ils se rencontrent à l'université, ils se découvrent rapidement beaucoup de points communs. Alors forcément, ils n'ont pas envie de se quitter, et bientôt ils décident de se fiancer. Ils économisent en vue du grand jour et commencent à réfléchir à l'organisation de leur mariage. Ismini regarde les robes de mariée pour trouver celle de ses rêves, Mark cherche des destinations paradisiaques pour leur voyage de noces, et la liste de leurs invités s'allonge… s'allonge… Mais plus les préparatifs avancent, moins ils se sentent à l'aise à l'idée d'engloutir tant d'argent dans une fête. Et s'ils se disaient simplement oui devant le maire et passaient leur lune de miel à traverser les États-Unis pour aider une personne dans chaque État ? Les amoureux sont ravis, voilà une façon de partager leur bonheur qui leur ressemble… mais comment savoir qui a vraiment besoin d'un coup de main ? En créant un site internet pour poser directement la question aux gens, tiens ! C'est parti ! Ils roulent vers la Caroline du Nord, où une infirmière leur a signalé une dame malade d'un cancer qui souffre de n'avoir aucune visite. Au moment d'entrer dans sa chambre, ils hésitent un peu. Après tout, ils ne la connaissent pas, leur idée est peut-être déplacée ? Mais ils passent un long moment à échanger avec elle, et alors qu'ils vont la quitter, la femme les serre dans ses bras. Très émue, elle leur avoue qu'elle ne pensait plus vivre de moment comme celui-ci. Encouragés, Ismini et Mark repartent vers un autre État pour soulager une maman célibataire épuisée. À Rhode Island, ils apportent des cadeaux à des enfants sourds dans une école spécialisée. En Californie, ils vont à la rencontre de sans-abris à qui ils apportent repas et vêtements…

Peu à peu, leur initiative fait boule de neige. Sur leur site, les gens n'hésitent pas à faire part d'un besoin, d'autres d'une envie de donner un coup de main et, tout naturellement, l'entraide s'organise. Les deux tourtereaux sont fous de joie, leur idée toute simple est devenue contagieuse, et sur le siège arrière une petite passagère les a rejoints : leur fille, Rafaela, prête pour l'aventure !

— **ACTUELS IRAK, SYRIE, ÉGYPTE, ISRAËL, PALESTINE** 1er janvier 1138 • 4 mars 1193 —

SALADIN

« Toute vie humaine est précieuse. »

Ce 2 octobre 1187, quand le soleil se lève sur les remparts de Jérusalem, Saladin n'a pas fermé l'œil de la nuit, il était trop ému. Bientôt, ses conseillers vont se presser autour de lui pour fêter sa victoire, alors le sultan veut profiter de ces derniers instants de calme pour se recueillir dans sa tente. Il déroule un tapis sur le sol, s'agenouille et, dans un murmure, commence à psalmodier… Il remercie Allah car c'est un grand jour pour lui et pour son peuple : après des années de lutte acharnée, Saladin a gagné ! Les Francs, qui occupaient la ville sainte et en interdisaient l'accès aux musulmans depuis près d'un siècle, ont promis hier de lui en remettre enfin les clés. D'ici peu, ses frères pourront de nouveau prier dans leur mosquée Al-Aqsâ, la fameuse mosquée de Jérusalem où, selon la tradition musulmane, le prophète Mahomet serait monté au ciel. Il partage leur joie, mais il pense aussi aux vaincus. Que faire d'eux ? Quatre-vingt-huit ans plus tôt, quand les croisés ont pris possession de Jérusalem, ils ont massacré des milliers de musulmans, sans épargner les femmes ni les enfants. Saladin sait que ses hommes ont soif de vengeance, car le souvenir de ce massacre est resté dans leur cœur. Mais il se refuse à agir de même. À quoi rimerait une guerre sainte si on devait pour la faire trahir les commandements d'Allah ? Il pense à son père, un homme bon, honnête et généreux qui l'a toujours élevé dans la foi et le respect de la vie humaine, et il est bien décidé à rester fidèle à sa mémoire.

Alors, quand l'heure d'entrer dans la ville sonne, il convoque ses hommes et, à leur grand étonnement, leur ordonne de respecter tous les chrétiens. Aucun vaincu ne doit essuyer le moindre outrage ! Il confie à ses plus fidèles sujets le soin d'organiser des patrouilles pour s'en assurer. Et, chose rarissime à cette époque, aucun bâtiment n'est pillé, personne n'est blessé et tous les chrétiens ont la vie sauve. Mieux encore, il propose aux prisonniers de racheter leur liberté en échange de quelques pièces d'or. Et quand ses hommes l'interrogent sur le sort des blessés, il leur demande instamment de prendre soin d'eux et de leur permettre de rester jusqu'à leur guérison. Ayant donné tous ses ordres, Saladin se retire dans sa tente, mais des

femmes chrétiennes demandent à le voir. Elles sont en larmes, elles n'ont pas un sou pour payer la liberté de leurs enfants. Certaines ont perdu leur mari pendant la bataille et n'ont plus rien. Touché par leur détresse, Saladin demande qu'on puise dans ses trésors personnels pour apporter à ces femmes de quoi survivre. Puis, prenant conscience que les quelques pièces d'or symboliques qu'il réclamait sont peut-être encore de trop pour certains prisonniers, il demande qu'on libère gratuitement tous les plus démunis, les enfants et les vieillards. Les chrétiens n'en reviennent pas et louent ce sultan si magnanime. Mais dans ses rangs, on ne voit pas d'un très bon œil tous ces traitements de faveur. Ses conseillers le trouvent trop généreux, ses hommes, trop tolérant avec l'ennemi. Pourtant Saladin tient bon. Il reçoit tous ceux qui réclament une audience, il écoute, et pour chacun il essaie d'être juste. On raconte même qu'il a fait rechercher le bébé d'une chrétienne qui allait être revendu comme esclave, et l'a racheté avec son propre argent pour que la mère et l'enfant soient réunis. Lorsqu'il apprend que les chrétiens de Jérusalem, qui avaient cherché refuge dans d'autres villes chrétiennes des environs, ont trouvé leur porte fermée, il décide de les faire escorter jusqu'en Égypte pour qu'il ne leur arrive rien et, de là, paie des bateaux pour les reconduire en Europe. Et quand ses conseillers lui demandent ce qu'il va faire de la ville désormais, il leur répond que, puisqu'elle est sacrée pour les chrétiens, les juifs comme les musulmans, elle restera ouverte à tous, car tout homme a le droit de pratiquer sa religion.

À sa mort, six ans plus tard, Saladin laisse derrière lui un royaume certes appauvri par les guerres qu'il a dû mener mais plus vaste, uni et tolérant que jamais. Il sera pleuré par tous, les chrétiens comme les musulmans. Ceux qui l'ont combattu autant que ceux qui l'ont servi garderont de lui le souvenir d'un souverain guidé par sa foi et respectueux de celle des autres, d'un homme généreux et aimant la simplicité. Et bien qu'adulé de tous, Saladin mourra comme il a vécu : considérant que rien ne lui appartenait. Même le linceul dont on couvrira son corps lui sera prêté par un ami.

— **BELGIQUE** 12 avril 1922 • 28 novembre 1977 —

JAN YOORS

« Dans quelques heures on sera sur la route. Chaque jour, à chaque heure, il y aura du nouveau. »

Jan ne se doute pas, en partant se promener ce jour-là, que sa destinée va changer. Il a douze ans et dépasse à peine des hautes herbes qu'il écarte sur son passage, quand tout à coup il s'immobilise. Derrière le rideau d'herbes, un monde inconnu s'offre à lui : des roulottes garées en cercle, des édredons fleuris qui sèchent au soleil, des femmes avec des grappes d'enfants accrochés à leurs jupes, et des cheveux si noirs qu'ils semblent presque bleus. Jan reste là, sans bouger, médusé. Des garçons de son âge s'approchent de lui et se présentent, ils s'appellent Nanosh et Putzina. Ils lui annoncent fièrement qu'ils sont « rom », ce qui veut dire « homme » dans leur langue. Un peu intimidé, Jan leur demande ce qu'il est lui, puisqu'il n'est pas rom ? Le regardant droit dans les yeux, Nanosh lui explique qu'il est un « gadgé », qu'il fait partie de ces « gens qui restent toute leur vie couchés du même côté ». À son ton, Jan sent bien que ce n'est pas un compliment. Il baisse la tête et se laisse entraîner vers leurs chevaux. Jan ne voit pas le temps passer et, quand le soir tombe, il n'a plus envie de les quitter. Nanosh lui fait discrètement une place sous son édredon et s'endort aussi sec, comme un bébé. Jan, lui, a bien du mal à trouver le sommeil, il essaie de ne pas trop penser à ses parents, mais il entend les chiens aboyer, les chevaux piaffer et le ciel au-dessus de lui est si immense qu'il lui donne le vertige…

Pourtant, au matin quand les roulottes s'ébranlent en file indienne, Jan les suit. Les adultes tentent de le chasser, ils ont assez d'enfants comme ça ! C'est compter sans Nanosh et Putzina, qui se font un plaisir de le cacher. Jan va rester plus de six mois avec eux. Il passe ses journées à cheval, se lave dans les rivières et s'endort écrasé de fatigue près du feu, quand il n'écoute pas ses compagnons chanter jusqu'aux premières lueurs de l'aube. Avec eux, il découvre la liberté de s'aventurer où il veut, car ses copains lui ont appris à repérer les « vurmas », ces petits signes discrets laissés au bord des routes pour retrouver les roulottes le soir. Il a l'impression de passer les plus merveilleuses vacances de sa vie, et il veut croire qu'il est devenu rom. Pourtant, ce n'est pas si simple. Il a faim, tout le temps faim, et ne comprend pas comment ses compagnons peuvent se passer de manger pendant plusieurs jours. Et puis, il y a régulièrement des descentes de gendarmes qui ne sont pas tendres et sèment la panique dans le camp. Chaque fois, il doit se cacher pour ne pas être ramené chez lui car, avec ses yeux bleus et ses cheveux blonds, on voit bien qu'il n'est pas rom ! Quand l'hiver arrive, Jan ne se fait plus d'illusions : il n'a pas le courage d'affronter la pluie et le froid. Alors, un peu honteux, il se laisse attraper par les gendarmes qui le ramènent chez lui.

En ouvrant la porte de sa maison, Jan n'est pas fier, il s'attend à passer un sale quart d'heure. Mais ses parents sont si heureux de le revoir qu'ils ne le grondent pas d'avoir disparu si longtemps ! Mieux, ils le comprennent. Son père a connu des gitans quand il vivait en Espagne et il garde d'eux un souvenir magnifique. Il dit à son fils qu'à douze ans, il est en âge de choisir sa vie ! Pendant quelques jours, Jan se délecte à prendre des bons bains, à dormir dans un lit et à manger à sa faim. Il est même content de retrouver son école ! Et puis, les charmes du confort s'émoussent, et bientôt il étouffe. Aux premiers jours du printemps, il n'a qu'une envie : repartir. Son père lui obtient un laissez-passer pour que les gendarmes ne l'arrêtent plus et Jan reprend la route. Cette fois, il est accueilli à bras ouverts, même par les adultes qui sont attendris par ce petit gadgé qui a l'air d'aimer leur vie. Pulika, le chef de la compagnie, le prend sous son aile et va devenir son deuxième père. Avec lui, Jan apprend à se brosser les dents en les frottant avec du sel, à faire le café « noir comme le péché, chaud comme l'enfer et doux comme l'amour » et, surtout, il apprend à considérer la liberté comme le seul bien précieux, qu'il ne doit jamais laisser entraver. Pulika méprise le désir de posséder, et il enseigne à Jan l'art de rester léger. Même une paire de ciseaux, empruntée pour se tailler la moustache, doit être laissée au bord du chemin pour ne pas encombrer. Pour lui, la terre est à tout le monde et l'instinct de propriété des gadgés est un sujet qui déclenche immanquablement son hilarité.

Bien des années plus tard, alors que la compagnie aura été dispersée par la guerre, et que Pulika sera mort, Jan écrira un livre, comme un véritable cri d'amour pour lui et pour son peuple. *Tsiganes*, son livre, est le seul témoignage que les Roms eux-mêmes reconnaissent comme authentique. Le seul qui rende hommage à leur culture, si méconnue et si méprisée, car personne en dehors de Jan n'a pu vraiment s'en approcher.

— **GRÈCE** 350 ans avant J. C. —

AGNODICE

Pourquoi soigner les femmes serait exclusivement un métier d'hommes ?

Agnodice a vécu à Athènes, en Grèce, il y a près de deux mille quatre cents ans. À cette époque, seuls les hommes peuvent devenir médecins. Mais Agnodice se moque de ce qui se fait ou ne se fait pas. Elle veut trop devenir médecin pour obéir à une règle qu'elle ne comprend pas. Alors, elle coupe ses cheveux, raccourcit sa tunique pour qu'elle ressemble à celle d'un homme et se fait appeler Miltiade. Métamorphosée en jeune homme, elle peut enfin suivre les cours du célèbre médecin Hérophile. Et voilà Miltiade qui obtient la première place à l'examen de médecine ! Toujours déguisée en homme, elle commence à consulter et se consacre tout entière à l'art des accouchements et au traitement des maladies des femmes. On ne sait pas si les femmes qu'elle soigne comprennent à qui elles ont affaire, mais elle obtient rapidement un immense succès. On se presse chez elle, et on déserte les cabinets des autres médecins. Ses confrères commencent à être jaloux et cherchent à l'empêcher d'attirer toutes leurs patientes. Finalement, ils ont l'idée de lui intenter un procès en prétextant que le succès de Miltiade vient de son charme dont il doit abuser pour séduire les femmes ! Miltiade n'a plus le choix, en plein tribunal, il soulève sa tunique et révèle qu'il est en réalité… Agnodice. Cela crée un terrible scandale. Voilà Agnodice disculpée de séduire ses patientes, mais condamnée pour avoir exercé la médecine sans en avoir le droit. Elle risque la mort. Heureusement, ses patientes, qui ont tant apprécié ses soins, l'apprennent et se précipitent pour prendre sa défense. Une foule de femmes s'agglutine devant le tribunal pour manifester en déclarant que, si Agnodice est exécutée, elles iront à la mort avec elle ! Sous la pression de la foule, les magistrats acquittent Agnodice et lui permettent de continuer d'exercer la médecine.

Par son audace, non seulement Agnodice parvient à réaliser son rêve, mais elle a ouvert la voie à toutes celles qui souhaitent faire comme elle. Car, l'année suivante, le conseil d'Athènes modifia la loi pour autoriser les femmes à étudier la médecine.

— **ÉTATS-UNIS** Depuis 2005 —

DAVID DEUTCHMAN

« Tous les enfants ont besoin de tendresse. J'essaie juste d'en donner davantage à ceux qui en ont le plus besoin. »

David a eu une vie bien remplie. Deux filles, deux petits-enfants qu'il adore et un poste important de directeur du marketing dans une grande entreprise américaine. Quand il prend sa retraite, il ne s'imagine pas trop se tourner les pouces ! Il commence donc par donner des conférences sur ce qu'il connaît le mieux : le marketing. David apprécie de partager ses connaissances, mais ça ne lui suffit pas, il aimerait être encore plus utile. Alors, il va voir l'hôpital des enfants d'Atlanta et propose de donner des cours aux enfants hospitalisés pendant une longue durée. Et puis, un jour, en sortant de sa classe, il croise une jeune mère, un peu égarée car son enfant est hospitalisé et elle vient d'apprendre qu'elle aussi doit subir une opération. Elle est bouleversée à l'idée d'être séparée de son fils. « Je me suis assis près d'elle et je l'ai écoutée un long moment, se souvient-il. J'étais ému qu'elle m'ouvre son cœur, moi qui n'étais qu'un étranger pour elle. » Peu de temps après, une autre mère, qui sort du service de soins intensifs où elle vient de laisser son bébé, lui tombe dans les bras, en larmes. Elle doit retourner travailler, mais c'est une torture pour elle de ne pas pouvoir rester auprès de son enfant pour le rassurer. À peine l'a-t-il quittée que David fonce au bureau des volontaires : ça y est, il sait ce qu'il veut faire !

Depuis, David vient deux fois par semaine câliner les bébés qui sont privés de leurs parents. Il passe toute la journée dans le service de soins intensifs, prenant un à un chaque bébé dans ses bras, le caressant, le rassurant, lui chantant des chansons. « Mes amis me demandent souvent ce que je fais ici. Je leur réponds que je berce des bébés, parfois ils vomissent ou me font pipi dessus... c'est génial ! » plaisante-t-il. Car si ses amis ne comprennent pas bien ce qu'il fait, lui sait pourquoi il est là. Il a été prouvé que partager du temps et de la tendresse avec ces bébés fragiles améliore considérablement leurs chances de retrouver la santé. David le reconnaît volontiers, aucun travail ne lui a jamais donné autant de satisfaction. Et s'il y a bien une chose dont il est fier aujourd'hui, c'est d'être le « Baby Buddy », comme l'appelle l'équipe médicale, le « Pote des Bébés » !

— **FRANCE** Née le 21 janvier 1982 —

SARAH OURAHMOUNE

« La boxe m'a appris à faire face aux épreuves et à me dépasser, c'est ce que j'ai envie de partager avec les autres. »

Quand Sarah entre dans la salle d'entraînement d'Aubervilliers à quatorze ans, rien ne la destine à devenir boxeuse. Elle est petite (un mètre cinquante-sept), plutôt timide, déteste la bagarre et, surtout... c'est une fille. À cette époque, la boxe est encore une affaire d'hommes. La plupart des entraîneurs ne veulent pas prendre de filles. À quoi bon ? Elles déconcentreraient sûrement leurs gars et, de toute façon, il n'y a pas de compétitions de femmes. Sarah s'en fiche, ce qu'elle veut, elle, c'est apprendre à se dépasser, quel que soit le sport. Elle aurait volontiers continué le taekwondo, son premier amour, mais faute de club par chez elle, le hasard l'a conduite ici. Elle a de la chance, l'entraîneur d'Aubervilliers accepte de lui ouvrir ses portes et pour Sarah, c'est une vraie révélation. Elle qui s'attendait à se battre avec ses poings, elle découvre qu'on se bat aussi et peut-être surtout avec sa tête. Jour après jour, elle apprend à gérer ses émotions – la colère, qui n'a rien à faire sur un ring, mais aussi la peur –, à ne jamais baisser les bras... Pour ne pas inquiéter sa mère, qui redoute qu'elle s'abîme le visage, Sarah s'entraîne en douce à six heures du matin avant d'aller en cours et le soir avant de rentrer. Les entraînements sont difficiles car elle doit faire face à des hommes bien plus costauds qu'elle, mais Sarah est heureuse. Sur le ring, elle oublie l'espace exigu du studio qu'elle partage avec ses parents et ses quatre frères et sœurs et la fatigue de sa mère qui s'épuise à faire des ménages. Quand elle tambourine contre son sac de frappe, elle se sent pousser des ailes...

Trois ans plus tard, quand la fédération autorise enfin les femmes à boxer, Sarah est la première à avoir sa licence. Elle est impatiente de participer à sa toute première compétition... Mais le jour J, voilà que le président du club lui tend une espèce de soutien-gorge ridicule avec de faux seins sculptés dessus ! Sarah les rabote direct à la lime à ongles, elle refuse d'être déguisée ! « Il s'en est fallu de peu qu'on nous fasse combattre en minijupe, pour attirer plus de monde ! » se souvient-elle, en riant. Pendant qu'elle traverse la salle pour monter sur le ring, les moqueries fusent : « Va à côté, y a de la gym ! », « Retourne dans ta cuisine ! » lui

crie-t-on. Sarah n'y prête pas attention, elle se concentre… et elle va rafler la médaille de championne de France deux ans de suite ! Malgré ce beau début de carrière, Sarah se retrouve face à un dilemme. Elle voudrait faire des études pour devenir éducatrice spécialisée mais ses entraînements ne lui en laissent pas le temps. Alors, comme elle déteste faire les choses à moitié, la mort dans l'âme, elle décide d'abandonner la boxe pour se consacrer à ses études.

Au bout de quelques années, Sarah n'y tient plus, l'envie de ressortir ses gants se fait trop forte. Mais reprendre après une telle pause n'est pas si simple ! Pour retrouver son niveau, elle doit s'entraîner comme une lionne mais ça ne lui fait pas peur. En l'espace de deux ans, elle va rafler un nouveau titre de championne de France, deux titres de championne d'Europe, et va même jusqu'à se retrouver… en finale du championnat du monde ! Là, pendant tout le match, elle sent qu'elle domine, pourtant à la fin, l'arbitre donne la victoire à son adversaire. Sarah se sent flouée mais elle encaisse. Un an plus tard, surprise ! Elle reçoit la médaille d'or par la poste, car on a découvert que son adversaire était dopée. La joie de Sarah est immense mais, tout de même, recevoir une médaille dans sa boîte aux lettres, ça n'a rien à voir avec l'exaltation d'être acclamée à la fin d'un match. Et Sarah est bien décidée à connaître ça un jour… Il lui faudra attendre quatre ans pour qu'enfin l'occasion qu'elle attendait se présente. En 2012, pour la première fois, la boxe féminine est admise aux Jeux olympiques, à Londres. Un vieux rêve pour Sarah ! Surexcitée, elle s'entraîne comme une acharnée, elle ne vit, ne respire plus que pour ça et… elle se met tellement la pression que c'est la catastrophe : elle oublie le plaisir de boxer et se fait éliminer au dernier combat des phases de qualification ! Sa déception est énorme. Sarah rumine son échec. Heureusement, une nouvelle idée germe dans sa tête : la boxe l'a tellement aidée qu'elle veut à son tour aider des personnes en difficulté. Ceux qui traversent des périodes de galère, qui ont décroché de tout, et n'ont plus confiance en eux. Alors, avec son mari Francky, boxeur lui aussi, elle crée sa propre salle, où la boxe sera accessible à tous : aux femmes, aux personnes en fauteuil roulant, aux malades, aux marginaux… Et, pour que les jeunes mamans puissent en profiter aussi, Sarah a même pensé à installer une garderie. Depuis, nombreux sont ceux qui ont découvert bien plus qu'un sport en poussant les portes de sa salle. Beaucoup parlent d'une « famille ». Entre les cordes du ring, certains ont appris le respect, d'autres à mieux se connaître et à relever la tête. Tous sont d'accord sur un point : ils n'abordent plus la vie de la même façon !

Lorsque les J.O. de Rio arrivent, Sarah compte bien y arriver cette fois. Et plus que tout, elle voudrait prouver à ceux qu'elle accompagne que tout est possible. Elle a trente-quatre ans et vient d'avoir une petite fille. Ce n'est pas tout à fait le profil d'une championne et, à nouveau, personne ne veut l'entraîner. Elle se prépare donc seule. Et à la surprise générale… elle décroche la médaille d'argent ! Elle est désormais la boxeuse la plus médaillée de France mais surtout, elle a réussi son coup : prouver à ses élèves que ce qu'elle leur enseigne est vrai : en musclant sa volonté on peut réaliser ses rêves !

— **ÉTATS-UNIS** 24 octobre 1922 • 24 novembre 2008 —

CHARLES L. BROWN

« J'étais parti combattre l'ennemi et à l'arrivée, j'ai trouvé un frère. »

20 décembre 1943. Une bataille féroce se livre dans le ciel de l'Europe. Dans le brouillard des côtes anglaises, cinq cent quarante-six bombardiers s'apprêtent à décoller en direction de Brême, en Allemagne, pour détruire une usine qui fabrique des avions pour l'armée allemande. Aux commandes de l'un d'eux se trouve le sous-lieutenant Charlie Brown, comme l'appellent ses compagnons, un jeune Américain qui a quitté la ferme de ses parents pour venir se battre contre les nazis. C'est sa première mission. Pour rassurer les membres de son équipage, une dizaine de gaillards guère plus vieux que lui, Charlie a un peu menti sur son âge. Il a dit avoir vingt-cinq ans, mais en réalité il vient de fêter ses vingt et un ans et n'en mène pas large... Car son instructeur vient de l'informer que de l'autre côté de la mer, une centaine d'avions allemands les attendent, tous pilotés par des as de l'aviation.

Charlie survole le sol allemand depuis seulement trois minutes que, déjà, la situation se complique. Au sol, plus de deux cent cinquante canons anti-aériens commencent à les mitrailler. L'énorme B-17 de Charlie se prend une rafale qui emporte une partie de la dérive, l'aileron arrière. Un des moteurs est touché. Charlie réussit pourtant à garder le cap et poursuit courageusement sa route vers sa cible. Avec un moteur en moins, il est obligé de ralentir son allure et devient une proie facile pour les chasseurs allemands. Alors qu'il vole à huit mille mètres d'altitude pour essayer d'éviter les obus, son avion se fait prendre en chasse par une douzaine d'avions allemands qui s'acharnent sur lui en le mitraillant de toutes parts. Le flanc gauche est détruit et l'air, glacial, s'engouffre brutalement dans l'appareil. En quelques minutes, tous les mitrailleurs sont gelés. Et voilà qu'en plus, ils perdent de l'altitude... Mais le jeune Charlie a du cran, il parvient malgré tout à larguer son chargement. Mission accomplie ! Il s'apprête à faire demi-tour pour repartir quand un obus vient détruire le cockpit, blessant Charlie au pied et son deuxième mitrailleur à la tête. La verrière explose et l'avion, déstabilisé, se retourne sur le dos. Charlie parvient à le redresser mais il commence à manquer d'oxygène, sa tête tourne. Quand il se réveille quelques secondes plus tard, l'avion est en train de foncer droit vers le sol qui se rapproche à toute allure... Charlie attrape le manche et tire dessus de toutes ses forces. Misère, l'avion est si lourd, le sol si proche... Alors qu'il commence à frôler les arbres, l'avion se redresse enfin et reprend de l'altitude, incroyable ! Et les chasseurs allemands sont partis, ils ont dû croire comme lui qu'il s'écraserait... Charlie pousse un énorme soupir de soulagement. Aurait-il réussi à sauver son équipage ? Rien n'est encore gagné, ses gars ont besoin de soins urgents et l'avion n'est plus qu'une épave, il ne supportera pas une attaque de plus. S'il se pose ici, c'est fichu, ils seront immédiatement arrêtés et faits prisonniers. Il décide de tenter le tout pour le tout et d'essayer de rentrer, mais comment ? Toutes leurs cartes ont été pulvérisées dans l'explosion ! Charlie met donc le cap sur ce qu'il croit être l'Angleterre...

C'est alors qu'il aperçoit un nouveau chasseur qui fond droit sur lui. « Cette fois, c'est la fin », se dit-il. Aucune mitraillette n'est en état de marche. Dans un dernier élan désespéré, il tente malgré tout de bluffer, et crie à un de ses camarades de mettre le chasseur en joue pour l'impressionner. L'avion allemand est maintenant à hauteur du B-17, prêt à faire feu. Terrifié, Charlie ferme les yeux... mais rien ne se passe. Quand il les rouvre, le pilote du chasseur* lui fait de grands signes : on dirait qu'il lui montre la droite ! Soudain, à l'arrière, le navigateur se met à crier : « On ne va pas dans le bon sens, on s'enfonce dans la gueule du loup ! » Charlie regarde le soleil pour vérifier sa position, puis la direction que lui indique le chasseur... Et tout à coup, il comprend : « Il nous montre la bonne direction ! » souffle-t-il, complètement éberlué. Charlie amorce donc son demi-tour, mais à peine a-t-il changé de direction que le chasseur se repositionne sur sa gauche. Charlie est abasourdi : « Il se met là pour nous protéger ! » Et en effet, pendant près d'une demi-heure, le chasseur allemand va les escorter. Ce n'est qu'au milieu de la mer du Nord, lorsqu'il sera assuré que le B-17 de Charlie atteindra bien les côtes anglaises, qu'il lui fera un petit signe de la main et rebroussera chemin, laissant Charlie sans voix.

Charlie se demandera longtemps ce qui a bien pu motiver cet Allemand, un ennemi, à risquer sa vie pour lui. Ce n'est que quarante-sept ans plus tard que les deux hommes se rencontreront, avec l'émotion que l'on imagine... Les deux anciens combattants resteront profondément liés jusqu'à la fin, et mourront paisiblement de vieillesse à quelques mois d'intervalle.

---

* *Lire l'histoire de Franz Stigler p. 238*

US
US

— **ALLEMAGNE** 21 août 1915 • 22 mars 2008 —

FRANZ STIGLER

« Quand j'ai vu leurs visages, ce n'était plus des ennemis. »

Franz a commencé à voler à douze ans. Autant dire que pour lui, c'est un peu comme marcher ! Il sait tout piloter : des avions de ligne, des avions de chasse... Et depuis que l'Allemagne a déclaré la guerre à ses voisins, il a déjà participé à presque cinq cents missions et abattu vingt-deux avions ennemis ! Aujourd'hui, il doit défendre un bâtiment stratégique pour l'armée allemande que des centaines de bombardiers anglais survolent déjà, prêts à larguer leurs bombes. Franz n'a pas froid aux yeux : il fonce sur les énormes avions anglais, les mitraille de pleine face, et esquive la collision au dernier moment ! Il en a déjà abattu deux. Il ne lui en manque plus qu'un pour prétendre au titre de chevalier de la croix de fer, une prestigieuse médaille militaire.

Alors qu'il s'est posé un instant pour se ravitailler en munitions, il aperçoit un bombardier anglais pris en chasse par une dizaine d'avions allemands, le bombardier pique du nez, plonge... mais à sa grande surprise, Franz le voit se redresser au dernier moment et reprendre de l'altitude avec son moteur gauche en flammes ! « Eh bien, en voilà un qui s'accroche », se dit-il, admiratif. Ce qui ne l'empêche pas de redécoller pour foncer droit sur lui, prêt à l'achever. Il s'approche par l'arrière et découvre que deux des moteurs sont touchés, le nez de l'avion et l'arrière ont été arrachés, le flanc est totalement éventré et la carcasse est trouée de partout... Il est sidéré, comment cet avion peut-il encore voler ? Il s'approche sur le côté de l'appareil pour chercher le meilleur angle d'attaque et, là, il aperçoit l'équipage. À cette distance, il peut voir leurs visages, en particulier celui du pilote, un type d'à peine vingt ans, terrorisé. Franz se rappelle les paroles de son instructeur : « Vous êtes pilotes de chasse aujourd'hui, demain, toujours. Si jamais j'apprends que l'un d'entre vous a tiré sur un homme en parachute, je le tuerai moi-même ! » « Ces gars sont sans défense, se dit Franz, je ne peux pas tirer. » Renonçant à sa médaille, non seulement il ne tire pas, mais il décide de les escorter jusqu'à ce qu'ils soient hors de danger. Eh oui, c'est l'avion de Charlie* que Franz vient de sauver !

** Lire l'histoire de Charles L. Brown p. 235.*

— **ÉTATS-UNIS** 5 mai 1864 • 27 janvier 1922 —

ELIZABETH COCHRANE

« Il me suffit de penser que rien n'est impossible à qui s'en donne la peine pour me donner du courage. »

Elizabeth a beau être épaisse comme une allumette, rien ne l'arrête. Depuis toujours, elle déteste les préjugés, les idées toutes faites, les contre-vérités. Alors quand elle devient journaliste, elle ne fait pas les choses à moitié. Pour un de ses premiers reportages sur les conditions de vie des ouvrières, elle se fait embaucher dans une usine de femmes où on étire le fer pour le transformer en fil. Elle travaille avec les ouvrières dans le froid, la saleté, partage les dangers qu'elles courent tous les jours, car il n'y a guère de précautions pour les protéger… Elle observe tout, note tout, puis elle écrit son article. Quand il est publié, il fait sensation. Personne n'avait encore témoigné de la dureté de la vie ouvrière. Les grands industriels qui détiennent les usines s'en offusquent et obtiennent du patron de son journal qu'Elizabeth soit interdite de reportage. Elle se retrouve en charge de la rubrique… critique de théâtre ! Mais cela ne dure pas. Elizabeth part en voyage au Mexique et, depuis là-bas, elle envoie une série d'articles qui dépeignent la vie quotidienne et la culture des Mexicains. Ses lecteurs sont très surpris : ce qu'elle écrit est si loin des idées que les Américains se faisaient des Mexicains ! Elizabeth raconte aussi ce qui la choque : la corruption d'un certain nombre de dirigeants mexicains, et elle se fait immédiatement expulser du pays.

Pour ne pas mettre en difficulté sa famille, elle écrit sous différents noms, comme Nellie Bly, son préféré. C'est d'ailleurs sous ce pseudonyme qu'elle écrit le reportage qui va la rendre célèbre. Il s'agit cette fois d'une commande de son patron, qui veut un article sur un asile psychiatrique pour femmes près de New York. Mais comment observer les vraies pratiques de cet hôpital ? Certainement pas en se présentant comme journaliste ! Elizabeth, qui a tout juste vingt-trois ans, décide de se faire interner comme folle. Elle va s'installer dans une pension de famille, non loin de l'asile, et pendant toute une nuit, elle s'entraîne discrètement à mimer la folie. Au matin, elle se sent prête et invente un délire qui inquiète suffisamment la propriétaire de la pension pour qu'elle appelle la police. Elle est internée sans le moindre examen. Là, elle découvre l'horreur. Les malades

sont maltraitées, humiliées, la nourriture est infecte : pour tout dîner il y a une tranche de pain, quelques pruneaux et un bol de thé. Les bains sont glacés, le réveil est à cinq heures quinze alors que la cantine n'ouvre que deux heures plus tard. Et les seize médecins qui sont censés travailler à l'asile sont totalement absents. Durant les dix jours de son internement, elle n'en croisera pas un. Aucun soin n'est pratiqué, c'est un hôpital où on ne cherche à guérir personne. Elizabeth observe et note tout ce qu'elle voit, tout ce qu'elle vit, et quand elle en a assez vu, elle révèle qui elle est et pourquoi elle est là. En un claquement de doigts, elle se retrouve dehors. Quand les portes de l'hôpital se referment derrière elle, son cœur se serre en pensant à toutes ces femmes qui vont rester enfermées, alors que certaines ne sont sans doute pas plus folles qu'elle. Quand son reportage paraît, c'est la stupéfaction. La ville de New York, qui donne pourtant beaucoup d'argent à cet hôpital, va prendre la situation en main et, grâce au courage d'Elizabeth, tous les asiles psychiatriques de la région vont radicalement changer leurs pratiques. Elizabeth a inventé une forme de journalisme que l'on appelle le journalisme d'immersion. Un nouveau métier qui fera envie à beaucoup d'autres car il fait bouger la société en révélant des vérités devant lesquelles on ne peut plus fermer les yeux !

— **BURKINA FASO** Né vers 1938 —

YACOUBA SAWADOGO

« Je ne veux pas manger aujourd'hui et laisser les jeunes sans nourriture demain. »

Yacouba est vendeur de pièces détachées sur un marché quand, en 1980, une grande sécheresse s'abat sur sa région du nord du Burkina Faso. L'eau manque et plus rien ne pousse dans les champs, c'est la famine. Tous ceux qui le peuvent fuient vers les villes pour survivre. Yacouba, lui, fait le chemin en sens inverse : il abandonne son commerce et retourne s'installer dans le village de son enfance, à Gourga. Cette région aux portes du désert est rude, mais c'est là qu'il a grandi. Il y est attaché et ne peut se résoudre à l'abandonner à la désertification. Il veut lui redonner vie et permettre aux enfants et aux jeunes de continuer d'y vivre. Mais quand il observe le sol, il est catastrophé. La terre est si sèche, si dure que même quand il pleut quelques gouttes, l'eau n'y pénètre pas. Et sans eau, aucune plante ne peut pousser... Yacouba ne sait pas quoi faire. Il se surprend à regretter d'avoir été un cancre. S'il avait été plus souvent à l'école peut-être saurait-il quoi faire ? Tout à coup, il se souvient de ces matinées où il séchait l'école, justement, parce qu'il préférait accompagner son grand-père aux champs. Quand la terre était sèche, il l'a vu pratiquer une vieille technique de leurs ancêtres. Comment s'appelait-elle, déjà ? Ah oui, le zaï ! Yacouba cherche dans sa mémoire comment son grand-père faisait et, peu à peu, il le revoit creuser des trous, puis remplir ces trous de fumier pour retenir l'eau de pluie. Il se souvient de sa joie quand ça marchait et que la terre redevenait fertile. Yacouba sourit. Finalement, aucun manuel scolaire ne lui aurait enseigné cette technique, et c'est celle qu'il va essayer !

Il choisit un petit lopin de terre à l'orée du village, s'arme d'une pioche et commence à creuser la terre, qui est dure comme du béton. Il veut être prêt quand la saison des pluies arrivera car elle ne dure pas longtemps, trois ou quatre mois tout au plus, et s'il la rate, il lui faudra attendre neuf longs mois avant les prochaines gouttes... Alors chaque jour, Yacouba creuse. Les villageois le regardent faire d'un drôle d'œil. Travailler la terre au moment où rien ne peut pousser ? On le traite de fou, mais Yacouba se tait. Il est patient et têtu : pendant trois longues années, il continue de creuser. D'un petit lopin de terre, il passe à un hectare, puis deux, puis trois… Il se bat contre l'harmattan, un vent très chaud, qui souffle fort, emporte tout et recouvre son champ d'un sable ocre qui vient du désert. Pour protéger la terre de ce vent puissant, il commence à construire des petits murets de pierres tout autour. Comme ça, quand la pluie tombera, ils retiendront également un maximum d'eau. En voyant le résultat, Yacouba a une pensée pour son grand-père. Il serait sûrement fier de lui !

Peu à peu, les trous remplis de fumier commencent à attirer des termites, qui en font leur nid. Voilà d'excellents alliés pour Yacouba, parce qu'ils creusent tout un réseau de galeries souterraines et, quand les pluies arrivent, l'eau se retrouve stockée dans ces galeries. La terre peut enfin boire ! Yacouba plante alors des graines de millet dans les trous. Il est si impatient de les voir pousser qu'il lui arrive de rester des nuits entières à veiller sur elles. Il fait pousser aussi des arbres pour bloquer le vent et pour que leurs racines, plus profondes, aillent chercher l'eau des nappes phréatiques loin sous la terre.

Au bout de plusieurs années d'acharnement, l'oasis dont Yacouba rêvait commence à prendre forme : des pruniers, des baobabs, des papayers, des acacias fleurissent. Et des oiseaux, attirés par les arbres, arrivent, porteurs de nouvelles graines. Les villageois sont complètement ahuris : Yacouba a réussi à repousser le désert ! Pour la première récolte de millet, tout le village est là. Il est loin le temps des moqueries, l'heure est à la joie. En regardant jeunes et vieux couper les tiges et faire les fagots, Yacouba est heureux : son rêve est là sous ses yeux.

D'année en année les récoltes de millet et de fruits deviennent de plus en plus abondantes, et Yacouba en fait profiter tout le village. Rebaptisé « le grand sage », il reçoit la visite de paysans du monde entier qui veulent apprendre à ses côtés. Ses méthodes sont aujourd'hui enseignées dans tout le Sahel et des régions entières ont survécu à la famine grâce à elles.

MAIREAD CORRIGAN & BETTY WILLIAMS

« Nous avons seulement créé un climat plus propice à la paix. »

Mairead et Betty sont comme le jour et la nuit. Mairead est une petite brune discrète, Betty une grande blonde volubile. L'une est catholique, l'autre a épousé un protestant. Leur seul point commun est de vivre en Irlande, un pays déchiré depuis plus de quinze ans par un violent conflit qui oppose catholiques et protestants. Pourtant, un jour d'août 1976, un drame va réunir les deux femmes. Ce mardi-là, la sœur de Mairead rentre de ses courses avec ses trois enfants quand, sous les yeux de Betty, un jeune combattant catholique se fait tirer dessus. Il s'écroule sur son volant et sa voiture frappe de plein fouet les trois enfants, les tuant sur le coup. Betty est sous le choc. Les gens autour d'elle commencent à s'échauffer, bientôt ils voudront venger ces malheureux enfants. Cette spirale de la violence, elle ne la connaît que trop, elle sait que c'est sans fin. Alors, pour éviter toutes représailles, elle contacte aussitôt un journaliste et lance, à tous les combattants, un appel à cesser de se battre. De son côté, Mairead est désespérée, ses trois neveux sont morts et sa sœur est mourante, mais en entendant les mots de Betty à la radio, elle est si touchée qu'elle l'appelle pour la remercier. Elle veut la rencontrer pour voir comment elles pourraient tordre le cou au cercle vicieux de la vengeance.

Ensemble, elles lancent une pétition pour demander la fin des violences et vont frapper à toutes les portes. La douleur de Mairead touche, la fougue de Betty convainc. Au bout de deux jours, elles ont récolté six mille signatures, de catholiques comme de protestants ! Elles proposent à tous ceux qui veulent la paix de marcher ensemble dans les rues. C'est risqué et tout le monde a peur, mais elles montrent l'exemple en allant faire signer leur pétition dans les quartiers les plus dangereux, là où les coups de fusil s'échangent plus facilement que des paroles. Le samedi suivant, la marche rassemble dix mille femmes. La semaine suivante, elles sont vingt mille. « Le Peuple de la Paix » est né. Il faudra encore attendre vingt ans pour qu'un traité de paix soit signé, mais rien n'aurait sans doute été possible sans ce premier élan que Mairead et Betty ont insufflé.

— ANGLETERRE —

Fred : décembre 1882 • septembre 1964
Jack : 20 février 1886 • 26 octobre 1966

FRED ROBERTS & JACK PEARSON

« Réalisant que les hommes ont besoin de rire, nous avons décidé d'y travailler ! »

Fred et Jack se rencontrent pendant la Première Guerre mondiale. Ils sont venus, comme beaucoup d'Anglais, aider les Français à repousser l'armée allemande, et sont devenus amis grâce à un point commun : un sens de l'humour à toute épreuve. Sous les bombardements incessants, aussi étrange que cela puisse paraître, ils arrivent à rire et ça leur donne du courage. Mais ce sont bien les seuls, du moins jusqu'au jour où ils découvrent une machine à imprimer dans une ville en ruine. Aussitôt l'œil de Fred s'allume, il se tourne vers Jack et lance : « Si on fabriquait un journal ? » Un journal ? s'étonne Jack, alors qu'ils sont là pour se battre et qu'il est interdit de donner la moindre information qui pourrait tomber entre des mains ennemies ? Mais non, pas un journal comme les autres : un journal pour changer les idées des soldats ! Pour les aider à supporter l'insupportable ! Un journal qui les ferait rire ! Jack est tout de suite emballé. Ils embarquent la machine, la réparent en cachette et commencent, entre deux combats, à écrire. Ils tournent tout en dérision, publient des bulletins météo en remplaçant les averses par des pluies d'obus, et s'excusent auprès de leurs camarades pour ces « petites attentions inamicales » des Allemands. Ils inventent de fausses pubs pour du matériel militaire, multiplient les jeux de mots que seuls les soldats peuvent comprendre et surtout prennent un malin plaisir à se moquer du ton des vrais journalistes, qui décrivent la guerre avec enthousiasme sans jamais l'approcher.

Bientôt, le premier numéro du *Wipers Times* paraît. Les cent exemplaires s'arrachent. Un peu partout dans les tranchées, on peut croiser un soldat souriant le nez plongé dans son journal, d'autres pouffant par-dessus son épaule alors que des rats courent entre leurs jambes et que des balles allemandes sifflent à leurs oreilles. Fred et Jack ont réussi leur incroyable défi. Tout en menant des opérations risquées qui leur vaudront d'être médaillés, les deux amis poursuivent la publication de leur journal jusqu'à la fin de la guerre, et leur inébranlable sens de l'humour aura été un vrai remède contre le désespoir de milliers de soldats.

— **FRANCE** 16 juillet 1796 • 22 février 1875 —

CAMILLE COROT

« Si on me laissait faire, je couvrirais de mes peintures les murs des prisons… »

Les parents de Camille sont de riches commerçants parisiens qui n'imaginent pas une seconde que leur fils puisse faire autre chose qu'eux. Mais Camille s'ennuie à mourir au milieu des tissus et il a si peu la bosse du commerce que lorsque ses parents l'envoient en apprentissage, ses patrons n'arrivent à lui confier que les livraisons. Camille a l'air absent mais en fait, il est à l'écoute d'un rêve qui grandit à l'intérieur de lui, un rêve qui l'habite peu à peu tout entier : faire de la peinture ! Il n'ose pas en parler de peur de décevoir ses parents, jusqu'au jour où son père le prend à part et lui propose de lui offrir un magasin. À l'idée de passer toute sa vie enfermé dans une boutique, Camille se sent défaillir. Il prend donc son courage à deux mains et avoue à son père qu'il veut devenir peintre. S'il y a une chose qu'il ne regrettera jamais de sa vie, c'est bien d'avoir osé parler ce jour-là. Car contrairement à ce qu'il s'était imaginé, son père n'est pas déçu, non, il est seulement inquiet que son fils n'ait pas un métier qui lui permette de vivre. Alors, comme il en a les moyens, il décide de lui verser un peu d'argent chaque mois pour lui permettre de se consacrer à la peinture. Fou de joie, Camille s'installe dans une petite chambre à Paris, dont il fait son atelier. Il n'en revient pas d'avoir la chance de faire ce qu'il aime et travaille sans relâche. Il commence à se former auprès d'autres peintres et part tôt le matin à la recherche de paysages qui l'inspirent, rentre tard le soir, observe la nature et tente de la réinventer sur ses toiles. Voulant étudier la lumière, il part trois ans en Italie et voyage aussi beaucoup à travers la France. Jour après jour, toile après toile, il trouve une façon de peindre qui ne ressemble à aucune autre : c'est la sienne.

Il a presque quarante ans quand il présente pour la première fois une de ses toiles lors de la « Grande Exposition » de Paris en 1835. L'originalité de son talent est vite remarquée, les marchands d'art commencent à acheter ses toiles. C'est le début du succès. Ces premiers acheteurs arrivent à point nommé : juste au moment où la rente que lui versaient ses parents disparaît car ils viennent de mourir. Décidément, Camille a de la chance et il en a conscience. Il est si plein de gratitude de pouvoir consacrer toute son

énergie à la peinture, qu'il ne supporte pas de voir les autres batailler pour arriver tout juste à survivre. Alors, quand des peintres plus débutants ou moins chanceux que lui viennent lui demander conseil, il prend tout son temps pour les guider, retouche parfois leurs toiles, et quand cela ne suffit pas, il leur propose d'imiter sa signature pour faire croire que la toile est de lui et les aider à la vendre un bon prix.

Dans les dernières années de sa vie, Camille gagne beaucoup d'argent mais il continue de vivre très simplement, trop heureux d'aider ceux qui en ont besoin. Quand Millet, un de ses amis peintres, meurt, laissant sa femme sans le sou, Camille lui donne sans hésiter assez d'argent pour qu'elle puisse élever leurs enfants dignement. Plus tard, Honoré Daumier, le grand peintre et sculpteur dont il admire tant le travail, devient aveugle et ne peut donc plus travailler. Dès qu'il l'apprend, Camille achète discrètement la maison dont il risque d'être expulsé pour la lui offrir. Sa générosité devient célèbre, beaucoup viennent le voir et il ne laisse personne repartir les mains vides.

Aujourd'hui, Camille est un des peintres les plus connus au monde, autant pour son génie que pour sa générosité. On dit souvent pour plaisanter qu'il a peint trois mille tableaux, dont dix mille circulent à travers le monde… ce qui doit bien le faire sourire !

— **SUISSE / ÉTATS-UNIS** 8 juillet 1926 • 24 août 2004 —

ELISABETH KÜBLER-ROSS

« Mes patients ne m'ont pas appris comment mourir mais comment vivre. »

La Seconde Guerre mondiale vient de s'achever et l'Europe est à reconstruire. Elisabeth a tout juste dix-neuf ans et elle s'est engagée avec d'autres jeunes pour aider. Alors qu'elle visite un ancien camp de concentration en Pologne, elle découvre, dans le baraquement des enfants, de curieux dessins gravés sur les murs : des centaines de papillons noirs, prêts à prendre leur envol. Elisabeth est stupéfaite : des papillons… le symbole de la transformation ! Sentant que leur fin approchait, c'est donc ainsi qu'ils imaginaient le grand passage ? En ressortant du camp, Elisabeth est bouleversée. Et un peu intimidée aussi par ce mystère qu'elle vient de toucher du doigt : que ressentent les personnes à l'approche de la mort ? Elle a trouvé sa voie : elle va devenir médecin psychiatre pour essayer de comprendre ce que vivent les personnes arrivées au bout de leur vie, afin de les aider à traverser cette étape le plus sereinement possible.

Quelques années plus tard, pétrie d'amour pour un médecin américain qu'elle vient d'épouser, Elisabeth part s'installer aux États-Unis. Dans l'hôpital où elle travaille, elle est saisie par une chose : tous les efforts sont tournés vers la guérison, ce qui est bien normal, mais quand elle n'est plus possible, ceux qui vont mourir dérangent. On les abandonne, on les cache, on les bourre de calmants pour ne plus avoir affaire à eux. Elisabeth fait tout le contraire : elle s'assied près d'eux et elle les écoute. Elle prend le temps de les considérer encore comme des vivants. Elle découvre alors que, s'il est difficile de quitter la vie, ce qui est vraiment insupportable c'est la gêne que l'on suscite et qui empêche d'être celui ou celle qu'on a toujours été. Les infirmières sont mal à l'aise, la famille croit souvent bien faire en prétendant que ça va aller, que la vie va continuer. Elisabeth, elle, ne fait pas semblant, elle est naturelle et chaleureuse, elle accueille la colère comme la tristesse, ne cherche pas à sécher les larmes, et peu à peu ses patients s'apaisent et se confient. Certains revisitent leur vie avec elle, d'autres manifestent un dernier désir, ou le besoin de se réconcilier avec quelqu'un pour partir plus serein. Des innombrables témoignages qu'elle recueille, elle fait un livre qui s'appelle *Les derniers instants de la vie*. Ses collègues sont furieux, prétextant que c'est une mauvaise publicité qu'elle fait à leur hôpital en osant parler de ceux qu'ils ne guérissent pas. La direction la renvoie. Mais tout le monde est confronté à la mort un jour ou l'autre, et le livre est un succès mondial. Les sacs de courrier s'entassent à son domicile, Elisabeth répond à chaque lettre. Son combat ne fait que commencer. Convaincue que les derniers temps de la vie peuvent être tout autre chose qu'une morne attente de la fin, et que ceux qui partent comme ceux qui restent ont besoin d'être entourés, elle devient leur porte-parole. Elle multiplie les conférences, organise des stages de formation où mourants et médecins peuvent enfin se parler. Et dans les couloirs feutrés des hôpitaux, une discrète révolution s'opère. Les malades et ceux qui se sont donné pour mission de les accompagner ne sont plus seuls. L'accompagnement devient le maître mot de cette nouvelle discipline qui vient remettre la mort à sa place : dans la vie.

Elisabeth a inventé ce qu'on appelle les « soins palliatifs », cette façon d'accompagner la fin de vie, en soulageant la douleur et en instaurant une atmosphère aussi calme et douce que possible, qui permet d'échanger avec ceux qu'on aime jusqu'au bout. En brisant le silence et en abordant les choses avec sincérité, Elisabeth assiste souvent à des scènes qui la touchent profondément. Comme ce vieux couple d'amoureux qui a passé ses derniers jours, main dans la main, à rire plus encore qu'à pleurer en se souvenant de tous les moments qui ont fait de leur vie une belle vie !

— **FRANCE** Née le 18 août 1933 —

FRANCINE CHRISTOPHE

« Malgré tout, la vie est belle. »

Francine naît l'année où Hitler prend le pouvoir en Allemagne. Elle est juive et, alors qu'elle n'a que huit ans, elle est arrêtée avec sa mère et déportée dans le camp de concentration de Bergen-Belsen. Sa mère a le droit d'emporter une petite chose avec elle, une seule. Ce sera un morceau de chocolat, pour Francine. « Le jour où je te verrai vraiment complètement par terre, cela t'aidera peut-être à remonter », lui explique-t-elle. Pendant trois ans, Francine partage la vie atroce que l'on fait subir aux déportés : ces grandes baraques dans lesquelles on les entasse sur de la paille, au milieu des rats, et, surtout, la faim, une faim si terrible qu'elle lui fait mal. Elle n'oublie pas le morceau de chocolat que sa mère garde précieusement, elle y pense même tout le temps et pourtant, courageusement, elle résiste.

Et puis un matin, dans leur baraque, c'est l'agitation. Hélène, une de leurs compagnes qui a été déportée alors qu'elle était enceinte, se trouve sur le point d'accoucher. Elle est si maigre que personne ne s'est aperçu qu'elle portait un enfant. Dans cet état, l'accouchement pourrait lui être fatal. La mère de Francine se penche vers sa fille et lui demande : « Tu te souviens du morceau de chocolat que j'ai gardé pour toi ? » Bien sûr qu'elle se souvient ! Comment aurait-elle pu l'oublier ? Sa mère poursuit : « Comment te sens-tu ? » Francine comprend où elle veut en venir et la rassure : « Ça peut aller, maman, tu peux le donner à Hélène. » Hélène a mangé le chocolat et elle a survécu. Elle a donné naissance à un minuscule bébé, une pauvre petite chose malingre qu'elle a cachée, emmaillotée dans de vieux chiffons tout contre son ventre. Pendant six longs mois, comme s'il sentait le danger autour de lui, le bébé n'a jamais pleuré, ni même geint. C'est seulement le jour où le camp a été libéré, quand on a ouvert tous ses chiffons, qu'il a poussé son premier cri. Comme si c'était sa véritable naissance.

Bien des années plus tard, alors que Francine fait une conférence, une femme dans l'assistance se lève. Elle a quelque chose à lui donner. Fouillant dans sa poche, elle en sort un carré de chocolat et se présente : « C'est moi, le bébé ! »

Juif

— **ÉTATS-UNIS (ALABAMA)** Né le 24 décembre 2013 —

AUSTIN PERINE

« J'adore voir les gens sourire. »

Austin a quatre ans. Comme son père, il est fan de super-héros. D'ailleurs, ces deux-là sont comme les deux doigts de la main. Un jour qu'ils regardent ensemble une émission sur les pandas à la télévision, confortablement lovés dans leur canapé, Austin assiste à une scène qui lui tord les boyaux : un bébé panda vient d'être abandonné par sa maman. Il se tourne illico vers son père et, d'une petite voix étranglée, demande : « Qu'est-ce qu'il va devenir ? » Son père pourrait le rassurer avec une phrase du genre : « Ne t'inquiète pas, il va s'en sortir », mais il a l'habitude de parler à Austin comme à un grand. Alors, il lui dit que le petit panda est désormais un « sans-abri ». Austin ne connaît pas ce mot, son père lui explique : « Ça veut dire qu'il n'a plus de chez lui. Ça arrive, tu sais, parfois, certaines personnes n'ont pas de maison, ni de papa ou de maman pour veiller sur eux. » Le petit minois d'Austin se fige : « C'est horrible... »

Le lendemain, Austin accompagne son père faire des courses. Dans son siège à l'arrière de la voiture, il regarde les rues défiler. Il est songeur, il pense encore à ce petit panda, tout seul dans le vaste monde. C'est alors qu'il aperçoit plusieurs personnes, assises sur des morceaux de carton, en pleine rue. Il tape sur l'épaule de son père : « Et eux, ce sont des sans-abris ? » Son père jette un coup d'œil dans le rétroviseur et soupire : « Oui. Les gens n'ont pas beaucoup d'argent par ici, tu sais... Nous, on a de la chance, mais certains n'ont même pas de quoi manger. » En entendant ça, Austin repense à sa chambre, à ses jouets, à sa vie... C'est vrai qu'il a de la chance, il ne s'en rendait pas compte ! Beaucoup de chance même... Et tous ces gens, là, sans papa ni maman pour s'occuper d'eux, comment ils vont faire ? Tout à coup, Austin rompt le silence et annonce : « À partir de maintenant, je ne veux plus de cadeaux, ni d'argent de poche. Ce que j'aimerais, à la place, c'est qu'on achète des sandwichs, plein de sandwichs. » Son père le regarde, étonné. Bah mince alors, celle-là, il ne l'avait pas vue venir ! Les jours passent et Austin n'en démord pas. Le samedi suivant, au lieu de jouer, il demande à son père de l'accompagner acheter deux grands sacs de sandwichs au poulet, quelques canettes

et, au volant de leur voiture, ils commencent à sillonner les rues du quartier. Austin s'est fait beau, il a enfilé sa cape rouge de super-héros, et dès qu'il aperçoit un sans-abri il fait signe à son père de s'arrêter, descend de la voiture et va vers lui en trottinant. De sa petite voix claire, il s'excuse de déranger et lui tend un sandwich. Au début, les gens étaient un peu ébahis de voir ce mini-héros arriver vers eux, avec sa petite cape rouge et un sac aussi gros que lui dans les bras. Mais peu à peu, ils se sont habitués et Austin est devenu une vraie célébrité dans son quartier. Car il n'est jamais revenu sur sa parole. Depuis plusieurs années, chaque week-end il distribue ses sandwichs et discute avec les sans-abris de la ville. Et quand il repart, après avoir salué les habitués d'un check viril ou d'un jovial « Passez une bonne semaine, les gars ! », ils lui répondent : « Merci président Austin. » Pourquoi lui ont-ils donné ce drôle de surnom ? Austin réfléchit, puis haussant ses petites épaules, il répond : « Sûrement parce que c'est le travail d'un président, de donner de l'amour ! »

— **LIBAN / FRANCE** Née le 18 juin 1999 —

LÉA MOUKANAS

« On reproche aux jeunes de ne pas se bouger, et quand on essaie, on nous rétorque qu'on est trop jeune ! »

Léa vit en France, mais elle retourne souvent au Liban où elle est née. Elle aime profondément ce pays qui a longtemps été déchiré par la guerre. Elle admire ses habitants, qui sont toujours prêts à sortir sous les bombardements pour déjà reconstruire. Comme eux, elle ne se laisse pas abattre. Alors, quand sa grand-mère adorée, Aïda, meurt brutalement d'un cancer, Léa éprouve un chagrin terrible mais, très vite, à sa manière, elle cherche aussi à reconstruire.

En venant la voir tous les jours à l'hôpital, elle a rencontré des jeunes qui luttaient contre la même maladie et une chose l'a frappée : entourés uniquement des adultes qui les soignent et de leur famille, leur vie n'a plus rien d'une vie d'adolescent normale. Ils n'ont plus l'occasion de rencontrer d'autres jeunes, de parler de tout et de rien, toutes leurs pensées tournent autour de la maladie. Léa, qui n'a alors que quinze ans, imagine sans peine leur isolement ! Elle décide de passer du temps avec eux, pour les aider à garder le moral. Mais quand elle propose ses services aux associations qui travaillent pour l'hôpital, toutes refusent son aide, pour la bonne raison qu'elle serait... trop jeune ! C'est un comble, tous les gens qu'elle rencontre reconnaissent que c'est une excellente idée de casser l'isolement des jeunes malades en leur faisant rencontrer d'autres jeunes, mais ils lui conseillent tous de revenir... quand elle aura grandi ! Pourquoi pas quand elle sera vieille, tant qu'on y est ? Léa fulmine. Puisque c'est comme ça, elle va créer elle-même son association.

Elle se lance alors dans un véritable parcours du combattant. Elle lutte pour obtenir les autorisations, trouver de l'argent, et surtout avoir l'accord des hôpitaux dans lesquels elle veut intervenir. Quand elle reçoit sa vingt-cinquième lettre de refus, lui suggérant comme toujours de réessayer plus tard, elle la déchire rageusement en mille morceaux. Mais au bout de six mois, l'association naît et elle s'appellera... Aïda, bien sûr !

Avec son équipe de bénévoles, Léa se décarcasse pour ramener un peu de vie à l'hôpital. Pendant leurs visites, les conversations rebondissent de la dernière chanteuse à la mode aux projets d'avenir, comme on le ferait entre copains… Et les idées se multiplient pour aider les jeunes malades à s'accrocher, à s'imaginer une vie après la maladie. Passer le permis de conduire, ça serait chouette ? Eh bien, l'association se débrouille pour le financer. Ça n'a l'air de rien, mais grâce à ce projet, le temps qui file si lentement à l'hôpital se transforme en un compte à rebours stimulant : plus que deux mois… un mois avant la fin du traitement et le passage du permis… Pour d'autres, qui cherchent encore ce qui les ferait vibrer, Léa organise des ateliers en faisant venir des personnalités à l'hôpital, pour partager avec eux leur passion et les initier à toutes sortes d'activités comme la boxe, l'écriture ou la comédie. Le nerf de la guerre étant tout de même la guérison, Léa lance aussi un programme de soutien pour aider la recherche médicale, grâce auquel elle a déjà récolté plus de cinq mille euros… Et l'association grandit, grandit… Aujourd'hui elle compte plus de cinq cents bénévoles dont les trois quarts ont moins de dix-huit ans !

— **INDE** Né le 5 janvier 1972 —

MANISH SISODIA

« L'école devrait aussi et surtout apprendre à être de meilleurs êtres humains. »

Manish est le ministre de l'Éducation de Delhi, une grande région en Inde. Et cette année, il est content : il a concocté un petit programme sur mesure aux élèves de sa région. Dorénavant, les journées commenceront par des cours de… bonheur ! D'où lui est venue cette idée ? De rapports inquiétants qui s'amoncelaient sur son bureau et qui dénonçaient tous la même chose : si l'école est de grande qualité en Inde et forme des élèves excellents dans des filières très recherchées, elle met beaucoup trop de pression sur eux et certains basculent dans la dépression. Or, Manish est fils d'institutrice et il sait combien l'école peut être importante dans la construction d'une personnalité. Même s'il est fier qu'elle permette de se préparer à un métier, ça ne l'empêche pas de rêver qu'elle puisse aussi apprendre à vivre mieux et, si possible, il ose le mot, à vivre heureux !

Alors il a réuni ses collègues du ministère et des instituteurs pour leur poser la question : « Pour vous, le bonheur c'est quoi, et comment l'enseigneriez-vous ? » Assez vite, tout le monde est tombé d'accord sur le fait qu'être heureux, ce n'est pas juste ressentir du plaisir ou de la joie, mais plutôt un ensemble de choses qui permettent d'être bien dans sa peau. Mais pour y arriver, chacun a sa petite idée : savoir se réjouir de ce qu'on a en serait une des clés, être capable de savourer le moment présent en serait une autre… et faire baisser la pression que les élèves se mettent pour réussir leurs études serait bien sûr la condition préalable à tout. Pour conclure cette réunion peu ordinaire, Manish leur a demandé de se mettre d'accord sur six choses qui rendent heureux, une pour chaque jour d'école.

Et c'est ainsi que depuis, chaque matin, les élèves de Delhi démarrent leur journée par un temps de pause. Au lieu de se remplir la tête, au contraire, on fait le vide ! On médite, on fait du yoga, et on s'adonne à de nouveaux exercices : chacun énumère les choses qui le réjouissent par exemple, ou prend le temps de remercier quelqu'un pour une chose qui l'a touché… Ça a l'air tout bête, mais les élèves sont unanimes : apprendre à se connaître et à voir le bon côté des choses, ça change la vie !

— **SUÈDE** Née le 3 janvier 2003 —

GRETA THUNBERG

« On nous demande de travailler à l'école pour notre avenir, mais si personne ne protège la planète, nous n'aurons pas d'avenir ! »

Greta a huit ans lorsque sa maîtresse lui montre un documentaire sur le changement climatique. À l'écran, elle découvre des ours polaires squelettiques, des océans gorgés de plastique, tandis que la voix annonce : « Toutes les vingt minutes, une espèce disparaît de la surface de la planète. » Ses petits sourcils se froncent, elle sent son cœur qui s'accélère, elle ne peut pas le croire… S'il se passait vraiment quelque chose d'aussi grave, ses parents lui en auraient parlé, tout le monde ne parlerait que de ça ! Le soir, à table, Greta n'arrive pas à manger. Il faut qu'elle en ait le cœur net. Ses yeux clairs plantés dans ceux de sa mère, elle demande : « C'est vrai qu'on est en train d'abîmer la planète ? » Prise de court, sa mère essaie de la rassurer : « Oui, c'est vrai, mais ça ne se passera pas du jour au lendemain, tu sais… » Greta n'en croit pas ses oreilles. Les adultes sont au courant et ils ne font rien ? !

Les mois qui suivent, impossible pour Greta de penser à autre chose. Elle veut comprendre cette histoire de climat et de pollution, alors elle passe son temps sur l'ordinateur. Et plus elle apprend de choses, plus la panique s'empare d'elle. À la maison, dès qu'elle voit une lampe allumée, elle l'éteint, pour faire des économies d'énergie. Son père soupire : « On ne peut tout de même pas vivre dans le noir, Greta… » Chaque fois que sa mère doit prendre l'avion pour son travail, la petite voix posée de Greta s'élève : « Tu sais qu'un voyage en avion est vingt fois plus polluant qu'un voyage en train ? Quel monde veux-tu laisser à tes enfants ? » Et chaque fois qu'il y a de la viande à table, Greta n'en veut pas et explique savamment : « Vous savez que les vaches produisent du méthane et que ce gaz réchauffe l'air vingt-huit fois plus vite que le CO_2 des voitures ? » Au début ses parents échangent des regards mi-amusés, mi-sceptiques, d'où tient-elle ces informations à son âge ? Mais Greta poursuit, repas après repas, et son obstination finit par payer. Petit à petit, la famille change ses habitudes : son papa troque sa voiture de sport contre une voiture électrique, les repas familiaux deviennent végétariens, un potager fait son apparition dans le jardin, et sa maman finit même par renoncer à l'avion ! Le changement est énorme et pourtant

Greta se sent toujours aussi mal. Elle ne mange presque plus rien, parle de moins en moins… Inquiets, ses parents l'emmènent voir un médecin. Le diagnostic est clair : si Greta a une tendance aux idées fixes, c'est parce qu'elle souffre d'une forme d'autisme qu'on appelle Asperger. En fait, elle ressent tout plus fort que les autres et c'est ce qui la rend incapable de faire semblant. Pour Greta, c'est comme si son monde s'écroulait une deuxième fois. Elle, autiste ? Ça veut dire que toute sa vie, elle se sentira aussi mal ? Peu à peu, la voilà qui s'enfonce dans ce qu'on appelle une dépression. Plus rien ne l'intéresse, sauf l'avenir de la planète.

Les années passent, Greta est devenue une jeune adolescente mais son angoisse la paralyse toujours autant. Un jour, ne supportant plus de rester à ne rien faire, elle se dit : « Et si plutôt que de rester dans mon coin, j'essayais d'aider les autres à ouvrir les yeux avant qu'il ne soit trop tard ? Après tout, j'ai bien réussi avec ma famille ! » Elle se fabrique une pancarte sur laquelle elle écrit « Grève scolaire pour le climat » et un matin, au lieu d'aller au collège, elle va s'installer devant le Parlement. Intrigués, des passants s'approchent, ils lui demandent ce qu'elle fait. Patiemment, Greta leur explique. Le soir, quand elle rentre, elle est si surexcitée que son père ne la reconnaît pas. Elle a eu des discussions passionnantes avec des gens qui semblaient intéressés par ce qu'elle leur racontait ! Et elle qui ne mangeait plus grand-chose, a même dévoré les nouilles qu'une femme lui a proposées… Elle n'a qu'une hâte, recommencer ! Sa grève ne passe pas inaperçue, des journalistes viennent d'un peu partout pour la rencontrer. La détermination et le franc-parler de Greta interpellent et, bientôt, sa démarche fait la une des journaux du monde entier. Après quelques semaines de grève, Greta annonce à ses parents qu'elle n'arrêtera pas. La nouvelle ne les enchante pas vraiment, alors on négocie : Greta pourra continuer, mais seulement le vendredi. En attendant, elle a déjà une autre idée en tête : les dirigeants du monde entier vont se retrouver en Pologne pour discuter de l'environnement, et elle veut en profiter pour leur parler. Son père finit par céder, c'est d'accord, il l'accompagnera, et en train pour moins polluer ! Pendant des semaines, Greta prépare son discours, elle demande conseil à des scientifiques pour l'aider à expliquer les faits le plus simplement possible. Et le 14 décembre 2018, elle pose tranquillement sa gourde rouge sur la table du secrétaire général de l'ONU. Ses habituelles nattes encadrant ses joues rondes, le regard grave, Greta prononce un discours qui va faire le tour du monde. Du haut de ses quinze ans, Greta secoue les deux cents dirigeants présents : « Vous n'êtes pas assez matures pour dire la vérité. Vous dites que vous savez que c'est urgent mais vous ne faites rien, vous nous laissez tomber. »

En l'espace de quelques semaines, galvanisés par le courage de cette étrange jeune fille, près d'un million et demi de jeunes lui emboîtent le pas. Dans plus de deux cent vingt villes du monde, des élèves défilent pour demander aux adultes qui gouvernent le monde de penser à leur avenir. Ce n'est qu'un début, mais comme dit Greta : « Une fois que nous nous engageons dans l'action, l'espoir est partout ! »

POUR ALLER PLUS LOIN

P. 9 MARGUERITE BARANKISTE
Maison Shalom International
Site web : www.maisonshalom.org

P. 12 JOSÉ LOUISET
Si vous avez la chance d'aller à Quimper, vous pourrez trouver l'une de ses boulangeries :
Au Bon Vieux Temps : 49 rue Kéréon
Le Fournil du Chapeau Rouge :
15 rue du Chapeau Rouge
Les Carolines : 40 ter avenue de la Libération

P. 32 HELEN KELLER
Fondée en 1915 par Helen Keller et George Kessler, la *Helen Keller International* (HKI) est parmi les plus anciennes ONG internationales (organisations non gouvernementales) consacrées à la prévention de la cécité et la réduction de la malnutrition dans le monde.
Helen Keller International (HKI)
Site web : www.hkieurope.org

P. 48 JACK PREGER
Jack Preger a fondé l'organisation caritative Calcutta Rescue.
Calcutta Rescue
Site web : calcuttarescue.org

P. 50 WANGARI MAATHAI
Wangari a créé le Green Belt Movement.
Site web : www.greenbeltmovement.org

P. 53 JANE GOODALL
JANE GOODALL INSTITUTE FRANCE
Site web : janegoodall.fr
Sa Chimp'Team
janegoodall.fr/ensemble/chimp-team

P. 58 NOVAK DJOKOVIC
1 enfant sur 2 n'ayant pas la possibilité d'aller à l'école maternelle, Novak a créé une fondation pour les aider : la **Novak Djokovic Foundation**.
Site web : novakdjokovicfoundation.org

P. 64 ARTHUR BERTHAULT
La page Facebook de son association
Un Cado Pour Un Charclo
www.facebook.com/ucpuclille

P. 66 PIERRE RABHI

Pierre a fondé en 1992 l'association Terre & Humanisme et organise de nombreuses visites et formations au Mas de Beaulieu, en Ardèche. Il a aussi participé à la création l'école du Colibri, une école basée sur la coopération.

Terre & Humanisme
Site web : terre-humanisme.org
(L'association organise des visites et formations en Ardèche.)

L'école du Colibri
Site web : www.lesamanins.com

Le mouvement Colibris
Site web : www.colibris-lemouvement.org

P. 72 MARTINE POSTMA

Fondation Repair Café Internationale
Site web : repaircafe.org

P. 80 MELATI ET ISABEL WIJSEN

Vous pouvez soutenir leur ONG **Bye Bye Plastic Bags** en donnant un coup de main ou en rejoignant un groupe local (dans de nombreux pays) – ou même en créant le vôtre !
Site web : www.byebyeplasticbags.org

P. 82 JEAN-MARC LE BAIL

Pour découvrir le village gaulois, parc solidaire que Jean-Marc a créé :
Le Village Gaulois, parc de loisirs solidaire
Site web : www.levillagegaulois.org

P. 85 MARY CLEAR

Les Incroyables Comestibles :
Site web : lesincroyablescomestibles.fr
email : contact@lesincroyablescomestibles.fr
Pour trouver un groupe près de chez vous : lesincroyablescomestibles.fr/annuaire-ic-france
Pour toute demande en lien avec des projets scolaires ou éducatifs : increduc@lesincroyablescomestibles.fr

P. 98 ÉRIC JULIEN

Pour toute information sur l'association qu'il a créée en 1997 afin d'aider les Kogis à racheter leurs terres :
Tchendukua – Ici et Ailleurs
Site web : www.tchendukua.org/
Pour en savoir plus sur son École Pratique de la Nature et des Savoirs, son école primaire Caminando, ou sa ferme-école :
Site web : www.ecolenaturesavoirs.com

P. 114 LATIFA IBN ZIATEN

Pour en savoir plus sur l'association qu'elle a créée, « **IMAD, association pour la Jeunesse et la Paix** » :
Site web : https ://association-imad.fr

P. 122 COLUCHE

Pour en savoir plus sur les actions de ses **Restos du Cœur** :
Site web : www.restosducoeur.org
Pour savoir où en trouver :
Site web : www.restosducoeur.org/associations-departementales

P. 128 ANNE PERRIN ET FLORIAN GASSMANN

Pour en savoir plus sur leur association, **MAD Lombok** : Site web : mad-lombok.com

P. 138 MIGUEL ANGEL ESTRELLA

Fédération Internationale Musique Espérance
Site web : musiqueesperance.org

P. 144 MÉLUSINE MALLENDER

Sa page Facebook :
facebook.com/melusinemallenderexpedition

P. 148 FLORE LELIÈVRE

Ses restaurants :

Le Reflet Paris
11 rue Braque, 75003 Paris,
tél : 01 42 71 35 97 ou www.restaurantlereflet.fr

Le Reflet Nantes
4 Rue des Trois Croissants, 44000 Nantes
tél : 02 40 20 33 86 ou www.restaurantlereflet.fr

P. 167 PAUL WATSON

Sea Shepherd (trad. les Bergers de la Mer)
Site web : www.seashepherd.fr

P. 175 JOSÉ BENAVENTE FUENTES ET BENOÎT MICOLON

Site web : www.pilotes-volontaires.org

P. 180 L'ABBÉ PIERRE

Site web : emmaus-france.org

P. 194 COLETT NGOBENI

The Black Mamba Anti-Poaching Unit
Site web : www.blackmambas.org

P. 212 VICTOR DELZENNE

Pour en savoir plus sur l'association de Victor :
FEUTRES et COMPAGNIE
Site web : www.feutresetcompagnie.com

P. 217 VANDANA SHIVA

Pour en savoir plus sur son ONG **Navdanya** :
Site web : navdanyainternational.org/fr

P. 261 LÉA MOUKANAS

Pour en savoir plus sur son association Aïda :
AÏDA
Site web : associationaida.org

P. 266 GRETA THUNBERG

Greta est en train de préparer la création d'une fondation mais en attendant, si tu veux en savoir plus sur le mouvement #**FridaysForFuture**, tu peux aller voir le site :
fridaysforfuture.org